AF580089

BEST SELLER

DALE CARNEGIE

¡Habla!

Cómo superar el miedo a hablar en público

Traducción de
Maria Laura Ramos

DEBOLS!LLO

El papel utilizado para la impresión de este libro ha sido fabricado a partir de madera procedente de bosques y plantaciones gestionadas con los más altos estándares ambientales, garantizando una explotación de los recursos sostenible con el medio ambiente y beneficiosa para las personas.

¡Habla!
Cómo superar el miedo a hablar en público

Título original: *Speak! How to Get Over the Fear and Horror of Public Speaking*

Primera edición en Debolsillo en México: marzo, 2026

penguinlibros.com

María Laura Ramos, por la traducción

ISBN: 978-607-387-159-4

Impreso en México – *Printed in Mexico*

Todos tenemos posibilidades
que desconocemos. Podemos hacer cosas
que ni siquiera están en
nuestros sueños. Ante la necesidad,
enfrentamos la situación y hacemos
lo que hasta ese momento
parecía imposible.

DALE CARNEGIE

Queremos agradecer a los siguientes miembros del equipo de Dale Carnegie, que colaboraron con este libro.

* Joe Hart, *presidente y director ejecutivo*
* Ercell Charles, *vicepresidente del área de Transformación del Cliente*
* Clark Merrill, *instructor calificado de Carnegie*
* Christine Buscarino, *directora ejecutiva de marketing*
* Mariah Suddarth, *instructora y gerenta de marketing*
* Paul Siregar, *director general de Dale Carnegie, Indonesia*
* Robert Korp, *director del área de Calidad de las Capacitaciones*
* Andreas Iffland, *instructor calificado, Alemania*
* Brenda Wells, *Dale Carnegie de Orange County, California*
* Rebecca Collier, *instructora calificada internacional, Dale Carnegie*
* Nancy Covert, *presidenta del área de Capacitaciones de Dale Carnegie en Birmingham y Huntsville, Alabama*
* Tina Graziotto, *vicepresidenta de instrucción y manejo de programas en el área de Capacitaciones de Dale Carnegie en Pennsylvania central y occidental*
* Dave Wright, *director ejecutivo del área de Capacitaciones de Dale Carnegie en Houston, Austin y San Antonio*
* Ken Beyersdorf, *presidente de Dale Carnegie, Arizona*
* Frank Starkey, *vicepresidente del área de Capacitaciones e instructor calificado de Dale Carnegie, Dallas y Fort Worth*
* Berit Friman, *directora ejecutiva de Dale Carnegie, Suecia*
* Mark Fitzmaurice, *director e instructor calificado de Dale Carnegie, Reino Unido*
* Jonathan Vehar, *exvicepresidente del área de Productos*

CONTENIDO

PRÓLOGO

por Joe Hart, director ejecutivo del área de Capacitaciones de Dale Carnegie

En mayo de 2015 asumí como director ejecutivo del área de Capacitaciones de Dale Carnegie, una organización que, hacía ya más de un siglo, ayudaba a personas en todo el mundo a convertirse en mejores oradores, presentadores y líderes. Poco tiempo después tuve que subirme a un escenario en Chicago y enfrentar a doscientos líderes de la empresa para presentarme y exponer sobre mis objetivos con respecto a Dale Carnegie. A pesar de que me había dirigido a grandes grupos muchas veces en mi carrera y me percibía como buen orador, estaba nervioso. Eran algunos de los mejores instructores, capacitadores y oradores del mundo, y sentí la presión de hablar frente a ese público tan talentoso. Que me observaba. Que me evaluaba. Que juzgaba mi capacidad para dar una presentación y liderar.

Lo que me brindó confianza ese día fueron las palabras de Dale Carnegie, el fundador de la organización y el autor de los éxitos de ventas *Cómo ganar amigos e influir sobre las personas*, *El camino fácil y rápido para hablar eficazmente* y *Cómo suprimir las preocupaciones y disfrutar de la vida*.

> "La sinceridad, el entusiasmo y la franqueza lo ayudarán [...] Cuando una persona se somete a la influencia de sus sentimientos, su verdadero yo sale a la superficie. Las defensas caen.

El calor de las emociones quema todas las barreras. La persona actúa con espontaneidad. Habla con espontaneidad. Es natural.

Por lo tanto, esta cuestión de la oratoria retoma el tema sobre el que se ha hecho hincapié en [este libro]: *cuando hable, dé su corazón*".

No cabe duda de que di todo mi corazón en esa charla y para la organización. Veinte años atrás, había experimentado el poder de Dale Carnegie en carne propia. Ese curso fue un punto de inflexión en mi vida: llegué como un abogado joven y salí transformado. Los que me conocían me preguntaban: "¿Qué te ocurrió, Joe? Pareces más interesado en los demás. Más considerado. ¡Y más seguro!". No estaba actuando. Había ganado la empatía que me faltaba. Y claro que me sentía más seguro; tanto que dejé la profesión, comencé mi propio emprendimiento y, finalmente, me convertí en el director ejecutivo de la organización que cambió millones y millones de vidas en todo el mundo.

Cuando me reúno con graduados de Dale Carnegie, me cuentan cuánto aumentó su confianza en sí mismos. Descubrieron el poder de dar rienda suelta a su entusiasmo y de volcar el corazón en el trabajo, en sus vidas y en sus familias. Esas historias son testimonios contundentes del valor de lo que trata este libro. Clark Merrill, un instructor calificado de Dale Carnegie, dice: "En la oratoria, no hay trucos. No es una actuación. La clave está en ser uno mismo". Mi colega Ercell Charles, vicepresidente del área de Transformación del Cliente, lo explica de esta manera: "Al ser tú mismo, le brindas a la audiencia un regalo único, y ese regalo eres tú".

En 2015, cuando me subí por primera vez a ese escenario en Chicago para hablarles a los miembros de la organización de la cual ahora soy director ejecutivo, nadie dudó de mi capacidad para ser yo mismo, para compartir la pasión por nuestra tarea, para demostrar mi entusiasmo por lograr los objetivos para la empresa y para *dar mi corazón* en la charla.

En la introducción a uno de los trabajos de Dale Carnegie (que se reproduce en uno de los apéndices al final de este libro), se señala:

"¿Qué hace falta para ser un gran comunicador? Ser un experto en la materia no garantiza una presentación cautivante. Conocer profundamente el contenido puede darle el derecho de hablar, pero transmitir el entusiasmo que el mensaje le genera es tan importante como lo anterior, si no más. Si la audiencia advierte su pasión genuina por el tema, estará pendiente de cada palabra que usted diga. Porque, si bien apreciarán su saber, es su entusiasmo lo que de veras los cautivará".

Los principios de este libro, una vez que los apliques, te ayudarán a entender que, más allá de cualquier estrategia o consejo, la mejor manera de transmitir un mensaje contundente es ser "una buena persona con habilidad para la oratoria". Concéntrate en ser auténtico, da tu corazón cuando hables y podrás cambiar el mundo con tus palabras.

A total disposición,
Joe Hart, director ejecutivo

LOS PRINCIPIOS DE RELACIONES HUMANAS DE DALE CARNEGIE

(de *Cómo ganar amigos e influir sobre las personas*)

Sea más amable

1. No critique, juzgue ni se queje.
2. Brinde elogios genuinos y sinceros.
3. Genere anhelos en el otro.
4. Interésese genuinamente en los demás.
5. Sonría.
6. Recuerde que, para cualquier persona y en cualquier idioma, su nombre es la palabra más dulce e importante.
7. Aprenda a escuchar y aliente a los demás a hablar sobre ellos mismos.
8. Tenga en cuenta los intereses de la otra persona cuando hable con ella.
9. Haga que la otra persona se sienta importante. Y que ese sentimiento sea genuino.

Convenza a los demás de su manera de pensar

10. La única manera de obtener lo mejor de una discusión es evitarla.
11. Muestre respeto por las opiniones de los demás. Nunca les diga que están equivocados.
12. Si está equivocado, admítalo enseguida, abierta y enfáticamente.

13. Comience siempre con simpatía.
14. Haga que la otra persona responda "Sí, sí" de inmediato.
15. Permita que el otro sea el que más hable.
16. Permita que la otra persona crea que la idea es suya.
17. Intente, sinceramente, ver las cosas desde el punto de vista del otro.
18. Sea empático con los deseos y las ideas de los demás.
19. Invoque los motivos más nobles.
20. Demuestre sus ideas en forma concreta.
21. Plantee un desafío.

Sea un líder

22. Comience con una felicitación y una alabanza genuinas.
23. Señale los errores de los demás de manera indirecta.
24. Hable de sus propios errores antes de criticar a otra persona.
25. Haga preguntas en vez de dar órdenes directas.
26. Evite que la otra persona pase vergüenza.
27. Elogie todos los progresos, hasta el más mínimo. Alabe genuinamente y no escatime en elogios.
28. Otorgue a la otra persona una buena reputación para que pueda estar a la altura.
29. Estimule a los demás. Haga que los errores parezcan fáciles de corregir.
30. Haga que la otra persona se sienta feliz de hacer lo que le sugiere.

INTRODUCCIÓN

Mark Cahill estaba sentado en la sala de espera de un edificio de oficinas de categoría en la ciudad de New York, esperando que lo llamaran para dar la presentación de su carrera. Había trabajado como vendedor para esta empresa importante y multinacional y era experto en una maquinaria en particular que pensaban vender a otros países. Si la presentación salía bien, sin duda recibiría un aumento y un ascenso... y su carrera daría un salto hacia la cima.

—Lo están esperando, señor Cahill —anunció la recepcionista al abrir las puertas dobles de vidrio.

Cuando se puso de pie para seguirla, Mark creyó que iba a vomitar. Se sintió mareado, y lo único que oía eran las dudas en su cabeza "¿Qué te hace pensar que tienes algo interesante para decir? ¿Te acuerdas del discurso que diste en la secundaria? Literalmente, se te rieron en la cara".

—¿Señor Cahill? —La mujer seguía junto a la puerta y lo observaba expectante.

"Bueno, no puedo arrepentirme ahora", pensó Mark tragándose los nervios y dirigiéndose a la sala de conferencias donde el grupo de ejecutivos lo esperaba. "Acabemos con esto ya".

Mark no es el único que siente miedo de hablar en público. Las investigaciones demuestran que el 77% de las personas en todo el mundo experimentan algún grado de temor cuando deben hablar frente a otros. Es una de las actividades que más temores generan. En *¡Habla! Cómo su-*

perar el miedo a hablar en público, descubriremos que no tenemos de qué preocuparnos, porque lo importante no es el orador, sino el mensaje y la audiencia. Esto quiere decir que la idea no es transformarse en "un orador profesional y refinado", sino en uno que pueda transmitir su yo auténtico. En vez de concentrarte en ser un buen orador, sé "una buena persona con habilidad para la oratoria", como decía Dale Carnegie.

Nuestra influencia como oradores proviene de quiénes somos como personas. En otras palabras, lo que hace que TÚ seas un buen orador difiere de lo que hace que tu vecino, tu compañero de trabajo o tu hermana sean buenos oradores. Por lo tanto, deja de tratar de imitar a tu orador preferido (no eres esa persona, y esa persona no eres tú) y sé la mejor persona que puedas ser. Cuando lo hagas, tendrás influencia en la audiencia.

Este libro refleja el pensamiento de Dale Carnegie y las enseñanzas en su curso de presentaciones con alto impacto. Está basado en los principios que nunca pasan de moda de su libro *Cómo ganar amigos e influir sobre las personas*. Las historias que vas a leer son ciertas, y los consejos que compartimos pertenecen a personas que dominan el arte de la oratoria: nuestros mejores instructores en todo el mundo.

¿Por qué la oratoria?

Hay muchas maneras de cambiar el mundo y de causar impacto en lo que nos rodea. Sin embargo, nada da resultado si no tenemos la capacidad de influir sobre las personas: esa es la función de la oratoria.

Cuando hablamos de "oratoria", pensamos en un político o en un disertante motivacional de pie en un escenario, frente a una audiencia multitudinaria. Esa es una forma de oratoria, pero es poco probable que cualquiera de nosotros, seres "de a pie", hablemos alguna vez frente a cientos, miles o decenas de miles de personas. Seguramente, nuestra "oratoria" tomará la forma de una presentación laboral, una charla frente al grupo al que pertenecemos, unas palabras en una ceremonia religiosa, un brindis en una boda familiar o, incluso, una conversación a solas con un cliente o un jefe. En cada una de esas situaciones, nos dirigimos a un grupo de personas en el afán de causar algún tipo de impacto. Quizá queramos convencerlas de hacer una inversión, o de revelar cifras o hallazgos. O, quizá, queramos homenajearlas, entretenerlas, emocionarlas o motivarlas. Lo logremos o no, la oratoria es la manera de provocar un impacto y cambiar el mundo.

Por eso, la oratoria es una habilidad crucial.

En palabras de Dale Carnegie, "Superar el temor de hablar en público tiene una influencia enorme en todo lo que hacemos. Los que se sobreponen a este desafío descubren que eso los ha convertido en personas mejores, que su victoria por sobre el temor de hablar frente a otros los ha alejado de sí mismos y les ha brindado una vida más rica y más plena".

Ercell Charles, vicepresidente internacional del área de Transformación del Cliente de Dale Carnegie y Asociados, cuenta la historia de Anh, una abogada joven en uno de los estudios más prestigiosos de Atlanta, Georgia.

"En los cursos sobre presentaciones con alto impacto, Anh se quedaba en un rincón y no hablaba a menos que alguien le hiciera una pregunta. Al comienzo, le habíamos pedido a los participantes que se pusieran de pie y se presentaran diciendo su nombre, la empresa para la que trabajaban, su puesto y cuáles eran las expectativas con respecto al curso. Cuando fue el turno de Anh, era obvio que le costaba hacerlo, ya que no levantó la vista del suelo. Enseguida me di cuenta de que Anh no iba a decir nada si yo no le hacía preguntas. Cuando Anh comentó cuál era el estudio de abogados para el que trabajaba, todos le prestaron incluso más atención. Le pregunté por qué asistía al curso, y fue en ese momento cuando las compuertas se abrieron.

"Anh se descubrió: 'Mi especialidad es la defensa y custodia de menores. Cada vez que recibimos este tipo de casos, todos recurren a mí para investigar y desarrollar la estrategia para el cliente. Es más, doy recomendaciones acerca de los pasos que deben seguirse durante el juicio. Por desgracia, mi función termina ahí. Preparo el caso y se lo entrego a Don, quien lo lleva ante el tribunal. Por mi temor a hablar en público, nunca defiendo mis conclusiones ante un tribunal. Eso fue lo que afectó mi carrera. ¿Adivinen a quién ascendieron a socio? A Don, no a mí'.

"Por la confesión de Anh, quedaba claro que le molestaba haber perdido semejante oportunidad por su temor a hablar. Entonces, le pregunté:

"—¿Qué estás dispuesta a cambiar ahora que estás aquí?

"—¡Estoy dispuesta a creer que soy capaz de hacerlo! —respondió.

"Para mejorar como oradora, la persona debe verse distinta en su interior para luego cambiar en el exterior. Antes de cada presentación, le pedía a Anh que recitara esta frase tres veces y sintiéndose confiada: '¡Nunca más tendré miedo de ponerme de pie y decir lo que pienso!'. Esta frase se convirtió en su mantra y en su plataforma de lanzamiento para ser la abogada y la oradora que siempre había querido ser. Ahora, transmitía confianza, idoneidad y la riqueza de su conocimiento y su experiencia.

"Algunos años después recibí una tarjeta de agradecimiento de Anh. Me agradecía por lo aprendido y afirmaba que el curso no solo había modificado su proyección como profesional, sino toda su vida. La buena noticia era que la habían ascendido a socia. Pero una noticia aun mejor era que Anh había dejado ese estudio para abrirse uno propio, dedicado a la defensa de menores, simplemente porque había decidido ponerse de pie y decir lo que pensaba".

> *"No se trata de convertirse en orador. Se trata de aprender a confiar en tu capacidad para comunicar de manera contundente lo que quieres decir".*
>
> —Clark Merrill, instructor calificado de Dale Carnegie

Los consejos tradicionales pasaron de moda

Hoy en día, cuando recordamos los consejos que se daban para ayudar a las personas a superar el miedo de hablar en público, algunos nos resultan totalmente absurdos. ¿Alguna vez escuchaste estos "clásicos" consejos?

- Imagina al público en ropa interior.
- Fija la mirada en un punto por encima de la cabeza de los espectadores.
- Escribe las frases clave en la palma de tu mano.
- Rompe el hielo con un chiste.
- Camina alrededor del escenario para generar energía.

Esta era la clase de consejos que se les daba a los oradores noveles para superar el miedo de hablar en público.

No tiene nada de malo estrenar una prenda para dar una charla (a menos que se trate de zapatos); el asunto es que la mayoría de los consejos se relacionan CONTIGO, con el orador.

En Dale Carnegie, el consejo más recurrente que damos a aquellos que están aprendiendo a mejorar su poder de oratoria se basa exactamente en lo opuesto. Como dice Clark Merrill: "Lo importante no eres tú, sino la audiencia". Cuando nos concentramos en el mensaje que la audiencia debe recibir y en cómo va a hacerlo, el miedo de hablar se disipa. Ya no nos preocupa qué es lo que piensan de nosotros (¿tengo la corbata torcida?, ¿se me mancharon los dientes con el lápiz labial?, odio mi voz cuando hablo en público, ¿estaré moviendo las manos en la manera correcta?, etcétera). Si somos auténticos, seremos capaces de liberar esa energía hacia afuera y conectar con la audiencia.

Sal del modo "presentación"

En este libro diremos muchas veces que debes dejar salir tu verdadera personalidad. Eso es porque, en definitiva, ser un orador fantástico implica dejar salir la mejor versión de ti cuando estás sobre un escenario. No intentes ser otro. La simulación puede durar un tiempo, pero no muy largo.

Robert Korp, director del área de Calidad de las Capacitaciones de Dale Carnegie*, lo explica de la siguiente manera: "Al principio de mi carrera como vendedor, perdí un negocio importante. Se trataba de una empresa internacional enorme, y mi presentación era crucial. Estaba absolutamente preparado: entré en la oficina y hablé. No conseguí la venta. ¿Por qué? Mi amigo me explicó: 'No te enojes, pero tu presentación fue aburrida'. Claro que había sido aburrida. Yo había creído que debía sonar 'profesional'. Era un novato, tenía un concepto erróneo de la situación, no transmití la pasión por lo que hacía y no me preocupé por la audiencia, o cliente potencial. Lo que ocurre es que nos ponemos nerviosos y nos enfocamos en nosotros mismos.

"El proceso para convertirse en un instructor certificado de Dale Carnegie es muy complejo. Cuando me presenté para que me certificaran, alguien estaba dando una charla y se suponía que yo tenía que asesorarlo. Me estaban observando y evaluando; por eso, me concentré en mí y traté de hacer lo correcto, pero no escuché lo que el otro estaba diciendo y le di consejos irrelevantes. Estaba demasiado enfocado en mí. Aprendí la lección.

"Ahora soy un instructor certificado y calificado, que imparte la idea de que lo importante no es el orador. Son los oyentes. Sí, está bien que sepas del tema sobre el que vas a hablar, pero si no dejas salir tu verdadera personalidad y lo vuelves algo vívido, nunca serás buen orador".

Llevar nuestro yo auténtico al escenario no ocurre de un día para el otro. Exige trabajo, y, por eso, escribimos este libro. Exige aprender a adaptar una presentación eficaz para un público determinado y practicarla hasta que nos sintamos cómodos, nos resulte natural y nos demos el permiso de ser quienes de veras somos. Cuanto más practiquemos, menos temor sentiremos. Cuando la destreza se obtiene con la práctica, uno gana confianza. Y esa confianza atraerá más oportunidades de seguir ganando confianza.

---

* Los nombres y las ubicaciones de los instructores y expertos de Dale Carnegie no han sido modificados.

En síntesis, TÚ eres el mensajero. Para transmitir tu mensaje, es necesario que hagas lo que dices y que seas auténtico con la audiencia. Pregúntate: "¿Qué hago para que los demás deseen escuchar y recordar mi mensaje?".

Conocerse

Ercell Charles, vicepresidente internacional del área de Transformación del Cliente de Dale Carnegie y Asociados, afirma que "cada orador tiene su propio condimento". En otras palabras, todos tenemos un estilo y una esencia que nos hacen únicos. Si no somos conscientes de eso, estamos en problemas como oradores. Algunas personas son naturalmente graciosas. Otras son francamente auténticas. Otras irradian energía, o conocimiento, o credibilidad. Otras transmiten emociones genuinas. Algunas nos encienden, y otras nos tranquilizan. No hay un modo correcto de hablar en público. Lo único que importa es que seas verdaderamente tú.

Para ser auténticos cuando hablamos frente a otros, es necesario tener en claro nuestros objetivos, los resultados que deseamos obtener y nuestras creencias. Sin esos tres elementos, nunca seremos convincentes. Primero, concentrémonos en lo que intentamos lograr. ¿Para qué estamos en este mundo? ¿Cuál es nuestro propósito? Cuanto más en claro tengamos esto, mejor sabremos por qué hacemos lo que hacemos.

Luego, pensemos en los resultados pretendidos. No solo en lo que respecta a nosotros, sino también a los demás. Cuando entendemos cuáles son esos resultados y cómo beneficiarían a los otros, lo que digamos puede cobrar interés.

Y, finalmente (aunque el orden no se corresponda con la importancia del asunto), tengamos en claro cuáles son nuestras creencias. De lo contrario, no podremos influir sobre otros ni motivarlos. Como Clark Merrill, instructor calificado de Dale Carnegie, nos recuerda: "La verdadera oratoria nace del corazón". Si desconocemos lo que hay en nuestro corazón, no conmoveremos a nadie. Solo si sabemos en qué creemos, lograremos demostrar nuestra pasión. Eso es lo que brinda la esperanza de que algo mejor y diferente es posible.

Clark prosigue: "Las personas adoran los diamantes, y la publicidad tiene mucho que ver con eso. Los adoran porque son el material más duro sobre la Tierra y porque brillan. Apenas los haces girar, ofrecen toda una gama de colores diferentes. Como oradores, somos diamantes. No abundamos y brillamos. Por desgracia, la mayoría solo mostramos una faceta de nosotros cuando hablamos en público. Ese es nuestro modo 'presentación'. Un diamante brilla por la forma en la que está cortado y por cómo se refleja la luz sobre sus distintas facetas. Nosotros también estamos compuestos de distintas facetas, como consecuencia de nuestra vida y nuestras experiencias. La audiencia determinará qué faceta debemos mostrar. Y, en sus ojos, brillaremos. Para eso, se requiere coraje, confianza y la voluntad de conectar. El orador que posea la capacidad de hacerlo será un comunicador fantástico, y sus mensajes se recordarán por el brillo que de él emane".

Es más, los instructores calificados sostienen que la pasión es uno de los elementos centrales de cualquier orador eficaz. Mark Fitzmaurice, director e instructor calificado de Dale Carnegie, Reino Unido, dice: "La pasión es una de las cualidades más importantes de un orador. A la mayoría, les falta pasión; tienen miedo de que los consideren demasiado combativos. Lo que proponemos es ser apasionados, pero con modales. Apasionados, pero amables".

Esto no implica que el foco deba estar puesto en nosotros. Debe estar puesto en ellos. Pero si no nos conocemos a nosotros, no podremos enfocarnos en los demás.

Jugar de visitante

En deportes, cuando un equipo se traslada al estadio de su contrincante, se dice que "juega de visitante". Ser local nos brinda la ventaja de conocer el lugar donde jugamos. Pero, lamentablemente, la oratoria no funciona así. Nosotros somos los que debemos acercarnos al otro. No siempre de manera literal. Debemos ir a su encuentro en el lugar donde esté; el oyente no se va a acercar por la sola razón de vernos arriba de un escenario. Es importante determinar dónde se halla el otro con respecto al tema y qué es lo que necesita, para luego pensar cómo despertar su curiosidad, y así interesarlo y comprometerlo.

En su libro *Cómo ganar amigos e influir sobre las personas*, que aún es un éxito de ventas, Dale Carnegie comparte el principio de "Intente, sinceramente, ver las cosas desde el punto de vista del otro". Un concepto fundamental para ganar amigos e influir sobre las personas, y de eso se trata la oratoria. ¿Cómo evitamos enfocarnos en nosotros? Ejercitando la empatía de ponernos en el lugar de nuestra audiencia para entender qué es lo que necesita.

Este es el consejo que recibió Jonathan Vehar, exvicepresidente del área de Productos de Dale Carnegie, cuando lo eligieron para dar el discurso a los graduados del Buffalo State College. "Sentía que no podía ponerme de pie frente a estudiantes, familiares y profesores de la universidad y darles consejos. No había vivido sus mismas experiencias. Se suponía que la ceremonia era un reconocimiento por los muchos años de esfuerzo, inversión y sacrificio de todos los que se congregarían allí". Jonathan, entonces, les pidió a los graduados que agradecieran públicamente a sus compañeros de estudio, sus familias, sus amigos y al personal de la universidad por el apoyo y la ayuda que les habían brindado para conseguir ese diploma. "Para que el discurso tuviera éxito, debía lograr que todos los presentes se sintieran a gusto de estar ahí". Lo importante no era Jonathan, sino la audiencia.

Pensamientos de un maestro: Ercell Charles, *vicepresidente del área de Transformación del Cliente*

Si pudiera darle un consejo a alguien que desea mejorar como orador, ¿cuál sería?

"¡Sé tú mismo!"

¿Parece simple? Tal vez. Sin embargo, probablemente sea lo más difícil para un orador. Vi a demasiadas personas "recubrirse" de información, como si se tratara de un traje nuevo, y esforzarse por transmitirla. Por desgracia, no funciona así.

Los buenos oradores tienen en cuenta tres elementos para captar la atención de la audiencia:

1. El contenido.
2. La forma de transmitirlo.
3. Ellos mismos.

El último punto es el que marca la diferencia. Una presentación eficaz nunca se basa únicamente en la información. Ni en la forma de transmitirla. Lo que la hace convincente es la experiencia que el orador le hace vivir a la audiencia. Al ser auténtico y mostrarte tal cual eres, estarás ofreciendo un regalo único, y ese regalo eres tú.

Acerca de este libro

A pesar de lo que acabamos de decir, no cabe duda de que también se puede fingir. Pero no por mucho tiempo, y, cuando adviertan la mentira, los demás dejarán de estar interesados en lo que dices, y tú perderás credibilidad. La idea de este libro no es fingir. No es un libro sobre trucos. Es un libro sobre maneras de acceder a eso que llevamos adentro y que se sale de la vaina por expresarse e impulsarnos a dar charlas poderosas y transformadoras. Una definición de liderazgo es "hacer que el mundo se parezca un poco más al que queremos que sea". Eso es lo que se logra con una oratoria convincente.

Hay cuatro áreas de competencias que resultan tan fundamentales como saber provocar un impacto en nuestra audiencia:

1. Metas: orientar hacia el futuro; crear una visión atractiva de cómo podría y debería ser la situación, más allá de cómo sea, tanto para las personas como para la organización.
2. Comunicación: profundizar la capacidad de las personas y de la organización para interactuar, por medio de la escucha activa y con el apoyo de información significativa, oral y escrita, en la presentación.
3. Habilidades interpersonales: demostrar la capacidad permanente de construir relaciones sólidas de confianza y respeto dentro y fuera de la organización.
4. Percepción de la audiencia: observar la situación desde múltiples puntos de vista; tomar conciencia de cómo las acciones reper-

cuten en los otros; no perder de vista los temas que afectan las áreas de responsabilidad.

* * *

Clasifica tu desempeño en esas cuatro áreas de competencias. ¿Hasta qué punto describen tus capacidades? Seguramente, te destacas en algunos puntos más que en otros. Apóyate en los que eres más fuerte y aprovéchalos para lograr una eficacia mayor. Con los más débiles, piensa qué podrías hacer para mejorar y llevar tus destrezas a un nivel superior. En ambos casos, durante la lectura de este libro, ábrete a lo que potencie tu capacidad de ser, como dijo Quintiliano, "*una buena persona con habilidad para la oratoria*". Algunos de los temas en este libro te atraerán de inmediato; con otros, la posibilidad de intentarlo te generará temor o nerviosismo. Presta atención a lo que te haga vibrar una cuerda emocional y ponlo en práctica en un entorno seguro, en especial lo que te dé miedo o te ponga nervioso. Es ahí donde surge la posibilidad de crecer.

En este libro, aprenderás a:

- Enfocarte en la audiencia.
- Transmitir tus ideas con convicción.
- Ofrecer una imagen de seguridad.
- Motivar a la audiencia.
- Explicar claramente asuntos complejos.
- Convencer a los escépticos de tu punto de vista.
- Persuadir a un grupo para que actúe.

Las presentaciones con alto impacto se basan en cuatro pilares: 1) ser tú mismo (de eso acabamos de hablar), 2) utilizar formatos eficaces, 3) ofrecer contenido sólido y 4) transmitir ese contenido de manera convincente.

El libro está organizado en tres partes. La primera abarca la estructura de las presentaciones y cómo conectarse con la audiencia. La segunda está dedicada al contenido y a cómo hacer que los demás crean en lo que decimos. La tercera se concentra en la transmisión del mensaje y en cómo resultar eficaces con cada audiencia en particular. Además, a lo largo del libro incluimos nuestras prácticas preferidas para presentar, desarrolladas por Dale Carnegie y sus instructores durante el último siglo y extraídas de sus libros *El arte de hablar en público*, *Cómo hablar bien en público e influir en los hombres de negocios* y *El camino fácil y rápido para hablar eficazmente*.

Pensamientos de un maestro: Clark Merrill, *instructor calificado de Dale Carnegie*

Si pudiera darle un consejo a alguien que desea mejorar como orador, ¿cuál sería?

La oratoria no es una artimaña. No es una actuación. Nosotros podríamos enseñarte a desempeñar el papel de orador, y tú podrías hacerlo. Pero, al bajarte del escenario, resultarías un fraude. La clave está en ser tú mismo. La verdadera oratoria nace del corazón. Antes de proclamar "Tengo un sueño...", Martin Luther King Jr. miró a la audiencia y pensó: "¿Qué es lo que estas personas necesitan escuchar?"; y se dio cuenta de que necesitaban esperanza. Les habló con el corazón, y eso es lo que las personas recuerdan.

No todas las charlas serán como el discurso de Martin Luther King; pero sí podemos decir algo convincente cuando les hablamos a nuestros hijos antes de un suceso importante para ellos o cuando queramos comunicar algo. Debemos pensar: "¿Qué es lo que esta persona necesita escuchar en este momento?" y hablarle con el corazón.

¿Cómo se hace eso? Ten en cuenta el principio 17 de Dale Carnegie. "Intente, sinceramente, ver las cosas desde el punto de vista del otro".

Del mismísimo Dale Carnegie

Una vez, en un programa de radio, me pidieron que contara, en tres oraciones, la lección más importante que había aprendido. Lo que dije fue: "La lección más importante es haber aprendido la magnífica importancia de los pensamientos. Si yo supiera lo que usted piensa, sabría quién es, porque sus pensamientos lo convierten en la persona que es. Si cambiamos nuestros pensamientos, podemos cambiar nuestras vidas". Usted puso la mirada en el objetivo de aumentar la confianza y lograr que su comunicación fuera más eficaz. De ahora en más, sus pensamientos acerca de la posibilidad de alcanzar este empeño deben ser positivos, y no negativos. Debe estar convencido y ser optimista acerca del resultado de sus esfuerzos por aprender a hablar en público. Debe volcar su determinación en cada palabra y acción que dedique al desarrollo de esta habilidad.

PARTE I

La estructura

Conéctate con lo que crees

Existe un video, que hoy ya es un clásico, que formó parte de un experimento de investigación sobre "atención selectiva" de Daniel Simons, de la Universidad de Illinois; el tema era que las personas no ven lo que no están buscando.

En el video, se veían dos equipos de tres personas cada uno pasándose una pelota de básquet entre sí. Uno de los equipos vestía camisetas blancas, y el otro, negras. Las instrucciones eran observar en el video cuántas veces los integrantes del equipo con la camiseta blanca se pasaban la pelota. Los voluntarios observaban el video con atención, tratando de obtener la respuesta correcta. Un gran porcentaje de los espectadores no advertían que, entre los equipos, iba y venía otra persona disfrazada de gorila. En la mitad del video, el gorila se detenía, miraba a la cámara, se golpeaba el pecho y se iba. Todo duraba aproximadamente veinte segundos. Los que no veían el gorila descreían que eso hubiera pasado. De hecho, sostenían que les estaban mintiendo. Cuando veían el video por segunda vez, ya sabiendo qué buscar, sí detectaban al gorila. (Aunque hay un hombre de Atlanta, Georgia, que, hasta el día de hoy, insiste en que las otras cuarenta y siete personas y el instructor mintieron cuando dijeron que el gorila había aparecido la primera vez que vieron el video, a pesar de que todos le aseguraron lo contrario).

Un hecho similar ocurrió en una conferencia sobre creatividad y resolución de conflictos en Buffalo, New York. Un coronel retirado del ejército iba a dar una charla sobre planificación estratégica. Había preparado unas diapositivas claras, muy bonitas, en blanco y negro, y fotocopiado folletos con una impresión prolija. A unos diez minutos después de comenzada la charla, con todos los asistentes sentados en butacas perfectamente alineadas, un hombre entró y le preguntó a una mujer en el fondo de la sala cómo se llamaba la presentación. Ella le respondió: "Enfoques militares para la planificación estratégica". El hombre la corrigió, diciéndole que estaba equivocada porque, en el programa, se anunciaba que, en esa sala, la presentación era "La exploración de la creatividad a través del arte y los colores". La mujer le enseñó el folleto con el título y, aun así, el hombre no le creyó. ¡A pesar de que no había nada de color ni de arte en la sala, en los folletos o en la presentación! El hombre estaba convencido de que estaba en la sala correcta (no lo estaba) e, independientemente de lo que veía, no daba crédito a la mujer ni a su vista. En lo único que confiaba, era en el programa impreso.

Nuestras creencias tienen mucho poder. Pueden inducirnos a que nos alineemos con algo o nos ceguemos ante una realidad que todos los demás ven. En nuestra opinión, lo esencial es conectar con el otro, ya sea por medio de creencias compartidas o de hacer que el otro descubra una posibilidad y crea en algo nuevo. La primera parte de este libro está dedicada a la estructura; nos ayuda a ponernos del lado de quienes nos escuchan y a moldear sus creencias. Si no nos creen, nunca entenderán lo que tratamos de transmitirles.

1

Planificar la presentación

A decir verdad, la presentación de Mark Cahill comenzó varias semanas antes de entrar en la sala de conferencias. Sabía que debía preparar una introducción muy contundente si quería tener alguna posibilidad. Para eso, era imprescindible que tuviera tres cosas muy en claro. ¿Quiénes conforman la audiencia? ¿Cuál es el propósito de la presentación? ¿Cuál es el mensaje?

Primero, ¿quiénes conforman la audiencia? Mark era vendedor, pero la audiencia estaría formada por los más altos ejecutivos de la empresa donde él trabajaba y los subalternos de estos ejecutivos. En la mayoría de los casos, solo había visto sus nombres en documentos corporativos o algún que otro video. No conocía a ninguno de ellos en persona. Mark tuvo esto en cuenta y decidió hacer una breve investigación. ¿Cuál era el grado de conocimiento, experiencia, pericia y subjetividad con respecto a la nueva línea de negocios que él estaba proponiendo para este equipamiento en particular? ¿Qué querían y necesitaban estas personas de la interacción? ¿Cuáles eran sus metas? ¿Daría esa charla para informar o para persuadirlos de expandir la utilización de este equipamiento hacia otros países? ¿Sería necesario convencerlos que, de algún modo, ese equipamiento era vital para la empresa? Y si bien esperaba resultar entretenido, ese no era desde ya el propósito de la charla.

Varias semanas antes de la presentación, cuando encendió la computadora para comenzar a diseñarla, Mark tenía más preguntas que respuestas. Si se tomaba el tiempo para pensar antes de siquiera escribir una palabra, las posibilidades de lograr el impacto que quería aumentarían.

La primera pregunta

Cuando nos proponen dar una presentación, lo primero que naturalmente tendemos a preguntar es "¿Cuál es el tema?". Una pregunta mejor sería "¿Quiénes conforman la audiencia?". Para lograr el objetivo de la charla —no importa cuál sea el tema—, debemos conectar con la audiencia. Y esto exige desarrollar empatía. Debemos interesarnos en la audiencia y lograr que la audiencia se interese en nosotros.

¿Qué es lo que necesitan o desean? ¿Quiénes son? ¿Cuál es su grado de conocimiento o pericia? Si no conocemos a la audiencia, estaremos en desventaja.

Dave Wright, director ejecutivo del área de Capacitaciones de Dale Carnegie en Houston, Austin y San Antonio, cuenta una historia que ejemplifica la importancia de asegurarse de que la audiencia esté familiarizada con el tema.

"La semana pasada estuve asesorando al presidente de una de las filiales de una importantísima empresa de productos químicos. Se trata de una empresa multinacional. Esta persona iba a dar una presentación para otros ejecutivos de primer nivel y para el fundador de otra filial, recientemente adquirida y con una cultura muy tradicional y estructurada. Todos usaban traje, muy formales. Lo que le sugerí fue: 'Debes comenzar la charla con algo que capte su atención. Tu producto es distinto de lo que ellos vienen ofreciendo y de lo que se ofrece en la industria en promedio. Es mejor en todos los aspectos, pero nadie lo conoce, y mucho menos en otras partes del mundo. Ese es el contexto. ¿Qué tan familiarizada crees que la audiencia está con el producto? La mayoría no lo tiene en su casa e ignora que existe'.

"Entonces, este presidente comenzó su presentación preguntando: 'Si hablo de este producto, ¿cuántos lo tienen en su casa?, ¿cuántos no tienen idea de qué se trata? Justamente en eso reside el desafío y nuestra gran oportunidad'".

Al investigar de antemano el grado de conocimiento de la audiencia y plantear el tema sin rodeos, ese presidente logró conectar mejor con la audiencia y crear una corriente de empatía e interés mutuos. Si hubiera comenzado la presentación dando información sobre un producto que ninguno de ellos conocía o comprendía, jamás hubiera cautivado a los oyentes.

La investigación es la clave

¿Qué preguntas podemos hacer al preparar la presentación para conocer a nuestra audiencia? Empecemos por las siguientes:

- ¿Quiénes forman la audiencia?
- ¿Cuál es el propósito?
- ¿Cuál es el mensaje?

¿Quiénes forman la audiencia?

Es tan difícil satisfacer las expectativas de una audiencia desconocida como acertarle a un blanco que no podemos ver. Se puede lograr, pero el método es azaroso. Parte del proceso de preparación consiste en investigar y recabar información clave sobre la audiencia. ¿Cómo se realiza esta investigación? Está claro que no a través de nuestro motor de búsqueda favorito, pero sí interactuando con las personas. Habla con el organizador del encuentro. Pregúntales a algunos de los futuros asistentes. Confirma lo investigado conversando con las personas que dan vueltas por el lugar antes de la presentación. Ponte el sombrero de "periodista" y habla con la mayor cantidad posible de personas para obtener respuestas.

Cuando esto se hace mal, las consecuencias pueden ser muy graves. Hace unos pocos años, invitaron a Clark Merrill a dar una presentación ante un cliente, la Oficina Administrativa de la Corte de Estados Unidos. Antes de Clark, otro hombre comenzó su charla diciendo: "Me honra y enorgullece hablar ante la Oficina Administrativa de la Corte de Estados Unidos por el excelente trabajo que realiza como parte del Departamento de Justicia". La audiencia lanzó un suspiro y dirigió la mirada hacia sus teléfonos. La persona que lo había invitado dejó escapar un quejido lastimoso: ¡la Oficina Administrativa de la Corte de Estados Unidos no tenía nada que ver con el Departamento de Justicia! El orador perdió toda credibilidad de inmediato, no obtuvo ni un poco de atención, y los aplausos fueron débiles, en el mejor de los casos. No había investigado bien.

Conocimiento

Una pregunta obvia es acerca del grado de conocimiento de la audiencia. Debemos pensar: "¿La audiencia está mejor informada que yo?". Esta es una inquietud menor, ya que la misma inquietud nos motivará a prepararnos como corresponde, y la respuesta casi siempre es "no". Eso debería darnos la confianza de saber que somos los expertos en la sala. El peor problema es sobreestimar el nivel de conocimiento de la audiencia. A veces, suponemos que, como nosotros sabemos algo, todo el mundo lo sabe. Esa suposición puede provocar falta de interés en los que escuchan. Recuerda que debes ir al encuentro de la audiencia en el nivel donde ella esté; eso quizás exija que debas retroceder varios pasos para asegurarte de que esté compensado. Tampoco enfrentes una audiencia sin prepararte ni caigas en la trampa de presuponer que no saben nada y de hablarles con superioridad. Hacerles preguntas al organizador y a algunos posibles asistentes puede ayudarte a encontrar el equilibrio entre sobreestimar y subestimar lo que la audiencia conoce.

Pericia

El grado de conocimiento de la audiencia también es importante porque puede determinar cómo nos ubiquemos frente al tema y al nivel de complejidad de la presentación. No es lo mismo una charla para estudiantes que aún están cursando la carrera de Biología que otra para investigadores farmacéuticos que trabajan con células cancerígenas.

Experiencia

No solo se trata de cuánta experiencia tiene la audiencia, sino también en qué ámbito y en qué grado. La experiencia en laboratorio es muy distinta de la experiencia en el campo. A la vez que investigamos esto, es importante entender que, en algunos casos, veinte años de experiencia equivalen a un año repetido veinte veces.

Subjetividad

Identificar la subjetividad de la audiencia permite determinar desde dónde partiremos, evita algunos escollos y nos ayuda a entender el enfoque de la audiencia sobre el tema teniendo en cuenta lo que saben. Si vamos a hablar frente a un grupo de abogados sobre derechos para la perforación petrolera, deberíamos averiguar si trabajan para una empresa del sector o para una organización ecologista sin fines de lucro. Su mirada sobre el tema será claramente distinta.

Necesidades

Si queremos que nuestros oyentes regresen a sus casas sintiéndose satisfechos y felices de haber asistido a la charla, es fundamental que prestemos atención a sus necesidades. La teoría es importante a la hora de presentar datos, pero, en algún momento, tenemos que "bajar esos conceptos a tierra". Ponte en el lugar de la audiencia. ¿Qué necesitan escuchar? ¿Qué puede resultarles interesante? ¿Qué hará que piensen: "Este orador verdaderamente me comprende"?.

Deseos

Los deseos tienen similitudes con las necesidades, pero no son lo mismo. Si solo atendemos las necesidades de la audiencia, va a ser difícil que se involucren. Necesitamos comer verduras, pero deseamos terminar la comida con un postre. Los mejores menús ofrecen un equilibrio entre los dos. De la misma manera, una presentación que abarque lo que la audiencia necesita escuchar, y también lo que desea de esa presentación, logrará que todos regresen a sus casas satisfechos. Sin embargo, al revés que en los menús, hay que ofrecer primero lo que desean y, luego, lo que necesitan.

Metas

Define cuáles son las metas y los deseos de tu audiencia, y ten eso en mente mientras preparas la presentación. Hoy en día, existen muchas presiones con respecto al tiempo y a la capacidad de atención. Las personas asisten a una charla con una meta en mente y ven al orador como un camino hacia esa meta. Ten en claro cuáles son las metas de la audiencia y enfócate en ayudarlos a conseguir lo que es importante para ellos.

Conocer a la audiencia, sus deseos y necesidades, y su posible opinión sobre ti es clave para lograr el éxito. Clark Merrill cuenta la historia de un vendedor líder en Australia, que recibió un ascenso con la propuesta de dirigir a un equipo de ventas de trescientas personas en Estados Unidos. Lo ponía nervioso pensar que pudieran verlo como un extranjero que no entendía la cultura estadounidense. Conversando con él, Clark se enteró de que era fanático de su motocicleta Harley Davison y del equipo de fútbol New England Patriots. Entonces, Clark le aconsejó que llegara al escenario en su Harley Davison y comentara cuánto le gustaba. ¡Fue una entrada triunfal! Luego, esta persona arrojó cinco pelotas de fútbol a la audiencia mientras les contaba que era fanático de los New England Patriots. ¡Y estos gestos eran absolutamente auténticos! El comienzo de la presentación fue impactante; a continuación, les compartió su confianza en que el equipo de ventas obtendría buenos resultados si trabajaban juntos. Al final, les pidió a los que habían atrapado las pelotas de fútbol que se pusieran de pie e introdujeran la mano en una ranura hecha en la superficie de cada una. Adentro había un billete de cien dólares, prolijamente plegado. A pesar de estar celosos, todos ovacionaron a los que habían recibido ese premio. El vendedor cerró su charla preguntándole a la audiencia: "Si hubieran sabido que tenían billetes de cien dólares en su interior, ¿se habrían esforzado más por atraparlas? Esos billetes no son nada comparados con lo que generaremos como equipo de ventas si todos nos esforzamos un poco más". Esto hizo que la audiencia se pusiera de pie para aplaudirlo.

En este capítulo, hablamos de la investigación que se necesita llevar a cabo para conocer a la audiencia ante la cual daremos la presentación. En el próximo, te contaremos cómo preparar una apertura potente y cautivante.

Pensamientos de un maestro: Paul Siregar, *director general de Dale Carnegie, Indonesia*

Si pudiera darle un consejo a alguien que desea mejorar como orador, ¿cuál sería?

- Ten en claro el objetivo de lo que quieres lograr a través de la presentación. ¿Es informar? ¿Es convencer o persuadir? ¿Es inspirar? ¿O es otra cosa?
- Ten en claro cuál será el relato que explique cómo harás para llevar a la audiencia desde donde está hasta donde tú quieres que estén. Ese relato debe consistir en un argumento lógico, mechado con datos convincentes.
- Prepara una apertura (o punto de partida) atractiva para capturar el interés y la atención de la audiencia. Incluye anécdotas, preguntas o afirmaciones sorprendentes.
- Piensa en un llamado a la acción específico que motive a la audiencia a tomar medidas relacionadas con tu mensaje. ¿Qué sentido tiene que hables si no logras movilizar a la audiencia?

Del mismísimo Dale Carnegie

¿Es buena idea practicar la charla una vez que está más o menos ordenada? Claro que sí. A continuación, un método infalible, simple y eficaz para hacerlo. Aplique las ideas que seleccionó para su charla en las conversaciones cotidianas con sus amigos o compañeros de trabajo. En vez de conversar sobre los resultados deportivos del fin de semana, apoye los codos sobre la mesa donde están almorzando y diga algo así: "¿Sabes, Joe? Hace poco me ocurrió algo muy extraño. Me gustaría contártelo". Probablemente, Joe no tendrá inconvenientes en escucharlo. Observe sus reacciones. Escuche lo que le responde. Quizá tenga una idea interesante que resulte valiosa. Joe no se enterará de que, en realidad, usted está practicando su charla; y, a decir verdad, eso no importa. Sin embargo, es probable que su amigo admita que disfrutó de la conversación.

2

La apertura

Mark Cahill estaba nervioso, y todavía faltaban varias semanas para su presentación. No era orador profesional y no tenía idea cómo comenzar. "Podría subirme al escenario y presentarme", pensó. "¿Y si cuento un chiste?" Caminó hasta el espejo de cuerpo entero que estaba colgado sobre la parte interna de la puerta de su oficina y practicó lo que iba a decir. "Hola, soy Mark Cahill y estoy muy contento de estar hoy aquí. Qué feo que está el clima, ¿no? Eso me recuerda el chiste del piloto de avión...". Mark negó con la cabeza; sería una forma desastrosa de comenzar la charla. Se acordó de las palabras de su padre: "Solo se tiene una oportunidad para causar una buena primera impresión".

Las aperturas son importantes

La manera en la que abramos la presentación definirá el tono del resto de la charla. Paul Siregar, director general de Dale Carnegie, Indonesia, dice: "Hace poco, el director de *marketing* de una empresa multinacional petrolera gigante recordó cuando, dos años atrás, se dio cuenta de que las presentaciones de otro de los departamentos eran diferentes. Sus aperturas eran siempre variadas e interesantes; usaban fotos, contaban anécdotas, etcétera. Cuando les preguntó por este tema, descubrió que los treinta integrantes del departamento habían asistido al programa sobre presentaciones con alto impacto de Dale Carnegie. Así entendió lo importantes que eran las aperturas en una presentación y decidió cambiar su enfoque para resultar más efectivo".

En un vuelo, hay dos momentos cruciales: el despegue y el aterrizaje. Lo mismo ocurre con las presentaciones. Una apertura potente genera más confianza y da la posibilidad inmediata de causar una impresión positiva.

El objetivo de la apertura es obtener atención positiva desde el primer momento, entrar en el tema central de manera natural, desarrollar un lazo de buena voluntad con la audiencia y establecer puntos en común con ella para que sepa que estamos del mismo lado.

Cuatro clases de aperturas

Hay cuatro clases básicas de apertura, y muchas maneras de abordarlas. Las cuatro clases son:

1. Afirmaciones sorprendentes.
2. Preguntas.
3. Anécdotas.
4. Objetos.

Analicemos de a una por vez y veamos ejemplos en la práctica.

Afirmaciones sorprendentes

El objetivo de estas afirmaciones es captar la atención de la audiencia de inmediato y hacerla pensar. Podemos recurrir a analogías, declaraciones impactantes o buenas noticias.

La analogía es la comparación de las similitudes de dos objetos o ideas disímiles. Todo lo demás son comparaciones. Las analogías deben ser fáciles de comprender para que la audiencia se sienta identificada. "Recuerdo la primera vez que viajé en avión. Al principio, sentí miedo porque era algo novedoso. Cuando me tranquilicé y confié en la pericia del piloto, empecé a disfrutar de la experiencia. Así es cómo la mayoría de ustedes se sienten ahora, al ser empleados nuevos de la empresa".

Con las declaraciones impactantes, pretendemos sacudir a la audiencia de su comodidad para que preste atención. "Miren a su alrededor. Muy pocos de ustedes completarán este programa en cuatro años. Les llevará cinco, o seis".

De ser necesario, y solo si corresponde, comenzar con una buena noticia puede hacer que la mentalidad de la audiencia cambie y se vuelva positiva. "Este ha sido el mejor trimestre de la historia con respecto a las órdenes de compra. ¡Eso quiere decir que todos los que están aquí recibieron la comisión más alta de su vida por porcentaje de ventas!".

Atención: esta posibilidad no funciona cuando debemos anunciar despidos, en un funeral o en cualquier otra situación en la que el estado de ánimo tienda a ser sombrío. Debe aplicarse en las circunstancias adecuadas.

Preguntas

¿Por qué querríamos abrir la charla con una pregunta? ¿Cuál es la respuesta?

Porque, al hacerlo, logramos que la audiencia piense desde el primer momento y despertamos su curiosidad. Podemos aplicar esta modalidad para obtener información, participación o llegar a un acuerdo sobre una necesidad o un tema de interés.

Hay dos reglas absolutas para abrir la charla con una pregunta:

1. Obtén una respuesta de la audiencia. Repite la pregunta, de ser necesario. Eso fuerza a las personas a prestar atención porque les indica que algo diferente está ocurriendo, en especial, cuando uno habla después de otro orador.
2. Formula una pregunta sencilla de responder.

Al recabar información, sabemos más acerca de lo que la audiencia piensa; eso hace que se involucre de inmediato en la conversación, en vez de quedarse sentada y con actitud pasiva. "Los consumos de los clientes disminuyeron durante el último año. ¿Cuáles podrían ser las razones?".

Comenzar con una estrategia para lograr la participación de la audiencia es otra manera de hacer que se involucre de inmediato. "Hagamos un relevamiento. Levanten la mano si tuvieron alguna mala experiencia con el servicio de atención al cliente".

Uno de los principios de *Cómo ganar amigos e influir sobre las personas* que resulta de ayuda para persuadir al otro de que concuerde con tu manera de pensar es "Haga que la otra persona responda 'Sí, sí' de inmediato". "Si existiera una manera de bajar de peso, tener más energía y comer lo que nos gusta, querríamos saber cuál es, ¿no?".

Anécdotas

Dale Carnegie reconocía el poder de las anécdotas, porque impactan y ayudan a aprender. Cuando alguien cuenta una anécdota, nos atrapa; por eso, son tan útiles a la hora de dar una presentación. La clave está en contarla como si fuera un cuento. Son tres las maneras de abrir una charla con un incidente o una historia: la experiencia personal, lo que le pasó a un tercero o una referencia histórica.

La anécdota debería comenzar aclarando el tiempo y el lugar, y sin preámbulos. "Era julio de 2011, en Minneapolis. Un hermoso fin de semana de verano…". No empieces con: "Les voy a contar sobre una vez que…". No hace falta. Salta ese paso.

Las experiencias personales son las más efectivas. "La primera vez que me despidieron, me avisaron por un mensaje de texto".

Las anécdotas que corresponden a un tercero no tienen tanto peso. "De niño, mi abuelo me contaba cómo había sido criarse en una granja".

Contar sucesos históricos también causa impacto. "A María Antonieta se le atribuye la frase 'A falta de pan, buenos son los pasteles'. Bueno, no es lo único que se le atribuye".

Compartir un incidente relacionado con el tema de la charla puede ser una forma excelente de involucrar a la audiencia desde el primer momento. Lo difícil es elegir un incidente que se vincule con la idea central de la presentación. Piensa bien qué quieres que la audiencia rescate de ese incidente y, luego, adapta la anécdota para que refuerce ese concepto. Evita los detalles que distraigan de eso que queremos resaltar. ¿Es importante el color del auto? Seguramente no. A menos que la anécdota sea sobre alguien que cambió el color de un auto para mostrar una técnica nueva de pintado.

Objetos

A las personas les encantan los objetos. Hay pocas técnicas que den más vida a una idea o un concepto que presentar un objeto. Algunas pautas importantes:

1. Asegúrate de que el objeto esté relacionado con lo que estás hablando. Una jirafa de juguete de casi dos metros que no tiene nada que ver con el tema es un elemento de distracción.
2. Sostén el objeto en alto para que todos puedan verlo, siempre junto a tu rostro y no por delante: no hables desde atrás del objeto. Que todos puedan ver tu rostro y también el objeto.
3. Apóyalo cuando termines de hablar. No lo hagas circular entre los asistentes. Se pondrán a jugar con el objeto y dejarán de escucharte.

Usa tu propio material

No importa la clase de apertura que decidas usar, pero sé auténtico. De lo contrario, todo puede salir al revés de lo planeado. Frank Starkey, vicepresidente del área de Capacitaciones e instructor calificado de Dale Carnegie en Dallas nos cuenta su propia (y vergonzante) anécdota. "La peor charla que di fue la 101. Nos habían aconsejado que comenzáramos con una anécdota. Bueno, yo era joven y no tenía ninguna anécdota interesante, así que 'tomé prestada' una que mi papá contaba siempre. Era sobre la época en la que había trabajado en la morgue y, en resumidas cuentas, un muerto se despertó. Quedaba claro que eso no podía haberme pasado a mí y, como resultado, la audiencia quedó más perpleja que sorprendida". Si la anécdota nos pertenece, la descripción que hagamos ante la audiencia será más eficaz, nos sentiremos más seguros al hablar y podremos responder preguntas, lo que demostrará que somos creíbles.

Más consejos para preparar la apertura

Dave Wright, director ejecutivo del área de Capacitaciones de Dale Carnegie en Houston, Austin y San Antonio, ofrece las siguientes sugerencias:

- No dilates la apertura.
- Sé creativo y atrayente.
- Describe la situación desde el primer momento. "El mundo cambió. Nuestro modelo de negocios ya no es legal. Estamos en guerra".
- Cuenta anécdotas. Sé humano. No tiene nada de malo conmoverse, pero tampoco pierdas la compostura.

Nancy Covert, presidenta del área de Capacitaciones de Dale Carnegie en Birmingham y Huntsville, Alabama, cuenta la historia de cómo una empresa logró captar la atención de sus empleados durante unas reuniones que solía organizar muy temprano por la mañana. "NuCor es una empresa siderúrgica enorme, uno de nuestros clientes más importantes. Todas las mañanas, a las seis, hay una charla sobre seguridad. Cuando esta charla la da alguien que asiste al programa de presentaciones con alto impacto, esa persona pone en práctica lo que aprendió en el curso. El problema es que esa charla se da al finalizar un turno de doce horas y los empleados están cansados. No tienen ganas de escuchar información sobre seguridad: se quieren ir a sus casas. Entonces, cuando fue mi turno de dar la charla, para captar su atención, decidí comenzar con: 'Levanten la mano'. Todos levantaron la mano. 'Ahora díganme, ¿cuántos de ustedes quieren regresar a casa con sus diez dedos?' ¡Eso sí que captó su atención!".

Las personas que dan estas charlas no buscan ser oradores; buscan que les presten atención. Al adaptar el relato a una audiencia específica, evitan que los oyentes se distraigan del mensaje central, que es el que, en definitiva, los va a proteger de accidentes y, tal vez, les salve la vida.

En el capítulo próximo, hablaremos de lo que ocurre una vez que abrimos la presentación y estamos listos para ir al núcleo del mensaje.

Pensamientos de un maestro: Dave Wright, *director ejecutivo del área de Capacitaciones de Dale Carnegie en Houston, Austin y San Antonio*

Si pudiera darle un consejo a alguien que desea mejorar como orador, ¿cuál sería?

Para cualquier persona, el cambio más difícil y más contundente tiene que ver con modificar el foco. ¿Podemos lograr esa transición y dejar de concentrarnos en nosotros para pensar en el valor, tanto intelectual como emocional, que les brindamos a quienes les hablamos? La capacidad para hablar en público es una capacidad de liderazgo, porque el eje de ambas está en la influencia. Lo importante es hacia dónde queremos llevar a la audiencia y estructurar el mensaje de manera tal de poder lograrlo.

Del mismísimo Dale Carnegie

Los oradores que hablan sobre lo que la vida les enseñó nunca dejan de cautivar la atención de los oyentes. Sé por experiencia que muchos oradores no están convencidos de que este punto de vista sea cierto y evitan contar experiencias personales porque las consideran demasiado triviales y específicas. Prefieren surcar los reinos de las ideas generales y los principios filosóficos; pero allí, lamentablemente, el aire está muy enrarecido para los mortales comunes y corrientes. Nos ofrecen columnas de opinión cuando lo que anhelamos son noticias. A nadie le molesta leer una opinión si el que la da se ganó el derecho de hacerlo: es decir, si el que escribe la columna es el editor o el dueño del diario. En otras palabras: usted hable de lo que la vida le enseñó, y yo seré su oyente devoto.

3

El mensaje

Mark Cahill se sentó frente a la computadora sin saber cómo continuar. Al fin y al cabo, era vendedor, no escritor. Ya había elegido la apertura (sería una anécdota) y se sentía confiado de poder captar la atención de la audiencia. ¿Cuál debía ser el próximo paso? Una cosa es contar una historia atrayente. Otra completamente distinta, lograr que la audiencia se concentre en el tema principal.

El mensaje

Una vez que la apertura atrajo la atención de la audiencia, deja en claro cuál es el tema o el mensaje de la presentación. Como en una sinfonía, en la que el compositor establece el tema y luego crea variaciones, el orador debe definir el mensaje y luego desarrollarlo con hechos, información y evidencia, sin dejar de serle fiel.

El objetivo de la apertura es atrapar la atención de la audiencia. El mensaje *concentra esa atención en el tema principal.* El mensaje puede presentarse como una propuesta: "Analicemos las ventajas y las desventajas del nuevo proceso de contratación". O como una pregunta: "¿Qué medidas deberíamos tomar para aumentar los ingresos en un 10% para el 15 de diciembre del año próximo?". A veces, el mensaje se expresa a través de una proposición lógica: "Si … es cierto, entonces … también es cierto, y … es el resultado natural". La presentación del mensaje guía el desarrollo de la exposición y evita que se desvíe de su propósito o meta.

Tina Graziotto, vicepresidenta de instrucción y manejo de programas en el área de Capacitaciones de Dale Carnegie en Pennsylvania central y occidental, brinda este consejo para elaborar un mensaje que mantenga la atención de la audiencia. "Dejen bien en claro cuál es el mensaje. Si no, van a fracasar".

En palabras de Cavett Robert al referirse a los sermones en las iglesias: "Si está brumoso en el púlpito, será noche cerrada en los bancos".

¿Adónde quiero llegar?

Para no perder el rumbo, es importante mantenerse enfocado en una pregunta: "¿Qué pretendo lograr?". En el caso de Mark Cahill, lo que pretende es convencer a los ejecutivos de la empresa donde trabaja de que deben expandir a otros países el uso del equipo que él propone. Como se trata de una presentación persuasiva, necesita elaborar el tema principal del mensaje teniendo en cuenta el objetivo final de la persuasión. Primero, Mark se preguntó: "¿Cómo hago para que una presentación sobre una pieza de equipamiento mecánico les resulte interesante a personas que no están familiarizadas con el tema?".

Nancy Covert, presidenta del área de Capacitaciones de Dale Carnegie en Birmingham y Huntsville, Alabama, lidió con un problema parecido.

"Hace un par de veranos, dimos en Alabama una capacitación sobre cómo hacer presentaciones. La audiencia estaba integrada por veinte operarios de una compañía de energía eléctrica. No eran precisamente oradores expertos. Al fin y al cabo, habían recibido entrenamiento relacionado con la instalación de postes de electricidad y no con la oratoria. Ninguno de ellos había hablado jamás frente a un grupo de personas. Su única experiencia había sido en charlas informales. Sin embargo, estas presentaciones eran sobre seguridad, deshidratación, golpes de calor, etcétera. Francamente, nadie quería escuchar una charla de esas características, y mucho menos, darla.

"Las presentaciones se basaban en un documento de treinta páginas sobre seguridad e higiene, plagado de términos médicos. Un horror. Nos tomamos un día con el equipo de liderazgo para reformularlo y hacerlo más accesible para los operarios.

"Uno de los objetivos, por ejemplo, era enseñarles en qué momentos necesitaban beber agua. La clave estaba en el color de la orina. Pero, en vez de utilizar términos médicos complejos, propusimos agregar colorantes comestibles al agua en distintas botellas para ejemplificar los colores de la orina y, luego, les pedimos a los operarios que observaran estas diferencias. Para que fuera divertido, en la última botella agregamos una bebida espumante en vez de agua; entonces, al manipular la botella, salía espuma. Eso atrapó la atención de los operarios y grabó el dato en su mente. A partir de que comenzaron a aplicar este enfoque para las charlas, los accidentes por deshidratación se redujeron a cero".

Si bien esta anécdota puede resultar algo escatológica, es un ejemplo clarísimo de cómo transformar un tema aburrido en otro fácil de contar y de recordar, con el objetivo de proteger la seguridad y la salud de los demás.

Fácil de contar y de recordar

Algunos temas son difíciles de comunicar de una manera que resulte significativa. Ercell Charles, vicepresidente internacional del área de Transformación del Cliente de Dale Carnegie y Asociados, trabajó con expertos en el campo del bioterrorismo de todo el mundo para ayudarlos a dar presentaciones más efectivas. "Una de nuestras técnicas de capacitación más poderosas es la que denominamos 'capacitación instantánea'. Grabamos al orador y hacemos comentarios que permitan mejorar la presentación teniendo en cuenta el objetivo o el resultado que la audiencia espera. El doctor Sterling, un experto internacional, se puso de pie y, con el manual en la mano, comenzó a leer la presentación. Mi respuesta fue: '¡Un momento! Buen comienzo, doctor; sin embargo, para conectar con los demás, no deben existir barreras. Vuelva a comenzar sin leer del manual'. El doctor me miró por encima de sus lentes y, sin mucho entusiasmo, volvió a empezar. Habló durante quince segundos y, luego, retomó sus notas en el manual. '¡Alto! Doctor, al principio, estableció contacto con la audiencia. No la pierda leyendo del manual. Por favor, vuelva a comenzar'.

"El doctor volvió a empezar, sintiéndose un poco presionado; pero nuevamente, después de quince segundos, tomó el manual para leer sus notas. Esta vez, para demostrar que hablaba en serio, me dirigí hacia él y le quité el manual de las manos. '¡Ey, no sea maleducado!', me gritó. Le pedí disculpas y lo dejé terminar su presentación casi sin hacer comentarios.

"En el descanso, volví a pedirle disculpas en privado. Aceptó las disculpas y admitió que comprendía cuál era el objetivo de la capacitación. Le dije que a los oyentes no les interesa cuánto sepa alguien sobre un tema o cuántos datos pueda darles. Pueden investigar esa información en Google. Lo que de veras les interesa es la experiencia que el orador posea. Su perspectiva basada en la experiencia es tan fundamental como los datos. El doctor no olvidó esas palabras. Su siguiente presentación estuvo llena de anécdotas, analogías e historias sobre su campo de trabajo y su experiencia; eso le permitió transmitir información crucial con contundencia y de una manera fácil de recordar".

Nancy Covert cuenta otra historia sobre la importancia de conectar el mensaje con la audiencia.

> "Un banco importante de Birmingham se sumó a nuestras capacitaciones. Tenían sucursales en once estados del sur (desde California, en la costa oeste, hasta Florida, en la costa opuesta).
>
> "Una vez, el vicepresidente ejecutivo estaba en una convención nacional de ventas, aburrido hasta el hartazgo. Parecía que todos los ejecutivos principales del banco habían ido solamente para cumplir. A partir de esa convención, fue que nos contrataron. Organizar esos encuentros cuesta unos cuantos

billetes y, si ni siquiera sirven para transmitir el mensaje del director ejecutivo con claridad, todos pierden tiempo y dinero.

"La siguiente convención de ventas fue el día y la noche. Trabajamos en conjunto e ideamos una manera creativa de transmitir el mensaje central del director ejecutivo: el 'tres, tres, tres'. Su objetivo era que los equipos de ventas se contactaran con los clientes a los tres días, a las tres semanas y a los tres meses después del primer contacto. Uno de los ejecutivos comenzó su charla con una pregunta: '¿Cuántos de ustedes salieron con alguien por primera vez, compartieron sus sueños, esperanzas y situación financiera con esa persona durante la cena, y luego no volvieron a tener noticias de él o ella? Es una sensación horrible, ¿no? Del mismo modo, debemos comunicarnos con nuestros clientes porque compartieron con nosotros cuestiones personales. A los tres días, a las tres semanas y a los tres meses'. Este ejecutivo logró transmitir los objetivos de la empresa de manera fácil de contar y de recordar".

Las posibilidades son infinitas. Asegúrate de conectar el mensaje con los oyentes de manera tal que lo escuchen, lo internalicen y lo recuerden. Cuando logres que el mensaje resulte significativo para ellos, estarás en camino de ser un orador exitoso.

Hasta ahora, hablamos sobre cómo analizar la audiencia, elaborar una apertura atrayente y transmitir un mensaje significativo. En el próximo capítulo, nos dedicaremos a una de las partes esenciales de toda presentación: el cierre.

Pensamientos de un maestro: Robert Korp, *director del área de Calidad de las Capacitaciones de Dale Carnegie*

Si pudiera darle un consejo a alguien que desea mejorar como orador, ¿cuál sería?

Ama. Ama lo que haces, ama el tema sobre el que hablas y ama a tu audiencia. No hay malos oradores: hay temas equivocados. Recuerda los requisitos de Dale Carnegie: 1) gánate el derecho de hablar por tu experiencia, por tus conocimientos, por lo que haces ahora y por cómo viviste; 2) siente entusiasmo por lo que tengas para decir; y 3) ansía compartir el valor de ese mensaje.

Hay temas que no entusiasman a nadie. Sin embargo, aunque se trate de un informe financiero, intenta aportar algo de pasión.

4

El cierre

Mark Cahill se tomó un descanso mientras preparaba su presentación. Fue a una conferencia sobre tecnología para escuchar al orador principal. El orador hablaba sin parar en un tono tan monocorde que Mark se puso a mirar a su alrededor. Se suponía que la charla debía terminar hacía quince minutos, y la audiencia se había puesto impaciente. Algunas personas revisaban sus relojes o sus teléfonos celulares. ¡Otros, incluso, se ponían de pie y se iban!

Aparentemente, el orador no registraba lo que estaba sucediendo. ¿No sabría cómo finalizar la charla? Para Mark, era obvio que esa persona estaba desperdiciando una oportunidad fantástica de traer a colación los puntos principales y resumirlos. "Tengo que asegurarme de no hacer lo mismo", se dijo.

"Cuando llegues al final, deja de hablar. Simplemente deja de hablar. Termina la charla en su mejor momento".
Clark Merrill, instructor calificado de Carnegie en Dale Carnegie y Asociados

Todos pasamos por eso. Presenciamos una charla o una presentación que debería finalizar a un determinado horario, y el orador continúa hablando. No agrega información; solo repite lo que ya dijo.

Dale Carnegie dice que el cierre es una de las partes más importantes de una charla. Debemos prepararlo cuidadosamente teniendo en mente qué es lo que buscamos para brindar a la audiencia un impacto final duradero. La apertura provoca una primera impresión positiva; el cierre, la última.

Clark Merrill asesoró a un ejecutivo de *marketing* que debía dar presentaciones idénticas a dos grupos de empleados, debido a la capacidad limitada de la sala de reuniones. La primera presentación empezó con fuerza; parecía ir bien. Pero, a los veinte minutos, cuando debía terminar la charla, continuó hablando. Diez minutos después, ya había agotado la energía de la audiencia y, cuando finalmente concluyó, recibió un aplauso tímido. Cuando Clark le preguntó por qué había seguido hablando, le dijo:

—¡Estaba en el pico, Clark!

—¿En qué pico? ¿El de la muerte? —respondió Clark—. La audiencia dejó de prestarte atención. Esta tarde, si no terminas cuando es la hora, yo mismo subiré al escenario para pedirte que dejes de hablar. Y, como todos en la empresa me conocen, me lo agradecerán.

El ejecutivo aceptó el consejo. En la segunda presentación, cuando llegó al final, terminó en forma concluyente. Y recibió una ovación de pie. "Cuando llegues al final, deja de hablar. Simplemente deja de hablar. Termina la charla en su mejor momento".

¿Cómo saber si la última impresión que causamos es buena? Algunos consejos:

- Persuade con lógica.
- Inspira con emotividad.
- Sé breve.
- Ve *in crescendo* para que tus últimas palabras causen impacto.
- Vincula el cierre con la apertura o con el tema del mensaje.
- Habla a título personal.
- Da ejemplos vívidos de tus ideas.
- Usa algún recurso visual que llame la atención.

Estas ideas son extensiones de lo que debimos hacer a lo largo de la charla. El cierre debería ser el clímax de la energía y el impulso que fuimos construyendo. A continuación, algunos ejemplos de distintos cierres que podemos utilizar, de acuerdo con el propósito de la charla.

Vincula la apertura con el cierre

Una de las formas más eficaces de cerrar una charla es vincular el final con la apertura. Así se cierra el círculo y se da la impresión de que la presentación está bien integrada.

Piensa en alguna película con una escena de apertura que estuviera absolutamente fuera de contexto con respecto al verdadero inicio de la película. O en un libro con un prólogo que haga referencia a algo que ocurre más tarde. Seguramente, cuando llegaste a esa parte del libro o la película, dijiste: "¡Claro! Ahora todo tiene sentido". Deberíamos esforzarnos por hacer algo similar con nuestras presentaciones para mantener viva la curiosidad de los oyentes y para que no pierdan el interés de saber cómo termina. Si no anticipamos el final, la audiencia continuará sintiéndose cautivada hasta saber qué pasó.

Como ya mencionamos, hay cuatro clases de aperturas para las presentaciones. Algunas maneras de vincular el cierre con esas aperturas.

1. **Afirmaciones sorprendentes:** "Como dije al comienzo, cuando finalice esta charla, habrán nacido veinte mil bebés más. Esas criaturas ya están aquí y merecen un mundo mejor. Gracias".
2. **Preguntas:** "Hace unos minutos, les pregunté: '¿Qué mundo queremos dejarles a nuestros nietos?'. Ahora, no solo tenemos la respuesta a esa pregunta, sino el plan de acción para lograrlo".
3. **Anécdotas:** "Seguro recuerdan la canción de 'María tenía un corderito'. Bueno, María creció y...".

4. **Objetos:** "Hoy, cuando les enseñé este dispositivo, creyeron que pertenecía a una novela de ciencia ficción. Pero esta tecnología ya llegó y está disponible para todos nosotros".

Propósito: convencer o causar una buena impresión

Repite el beneficio principal
"Si lleva a cabo estos dos cambios sencillos, el crecimiento de su negocio será espectacular de acá a dos, diez, veinte años. Primero...".

Cita a un experto
"Lo que lo hace feliz o desgraciado no tiene que ver con lo que usted posee, o quién es, o dónde está. Tiene que ver con lo que piensa".
—Dale Carnegie

Propósito: informar

Repite los puntos centrales
"Por último, recuerden los tres conceptos esenciales en el negocio inmobiliario: la ubicación, la ubicación, la ubicación".

Repasa las etapas de un proceso o plan
"Recuerden seguir estos pasos simples para evitar las inconsistencias y ahorrarnos tiempo a todos. El primer paso es...".

Propósito: persuadir

Acción y beneficio
"Hoy mismo contacta a un comprador y pregúntale por qué le gusta hacer negocios con nosotros; así formarás aliados que te ayudarán a incrementar las ventas".

Recomendación final
"En síntesis, nosotros recomendamos la tercera opción, porque causará un impacto mayor en sus clientes".

Propósito: inspirar

Propone un desafío
"Crucemos juntos este Rubicón. No será sencillo, pero podemos hacerlo. Deberíamos hacerlo. Por los colegas que sigan nuestros pasos".

Apela a motivos nobles
"Creemos un planeta más verde para nuestros hijos y nietos".

Andreas Iffland, instructor calificado de Dale Carnegie en Alemania, cuenta una anécdota sobre un cliente que aplicó el cierre de la recomendación final en una presentación.

> "Una vez asesoré a un hombre, Axel, que me dijo: 'La próxima semana tengo una presentación muy importante. Soy el director de ventas de toda Alemania y tengo a mi cargo un equipo de veinte personas. Quiero modificar algunas cuestiones relacionadas con el liderazgo y sé que no lo tomarán del todo bien. Necesito comunicar mi decisión con claridad y retener a los miembros del equipo'.
>
> "Preparamos la charla de manera tal que el equipo comprendiera los motivos de su decisión. Axel les habló del problema que enfrentaban (el equipo de ventas había crecido demasiado para un único gerente) y detalló las tres opciones para resolverlo. Analizó las ventajas y las desventajas de cada una y, luego, dio su opinión; de esta manera, quedó demostrado que había considerado las tres posibilidades. La charla fue muy exitosa. Al terminar, su equipo le dijo: 'Entendemos por qué tomó esa decisión'".

Lo cierto es que este director nacional de ventas podría haber informado directamente a su equipo cuál sería el cambio y confiar en que, con el tiempo, se acostumbrarían. En cambio, se puso en su lugar y pensó qué era lo que ellos necesitaban saber y si les gustaría o no conocer la opinión del director. Esto hizo que, además de recibir información sobre la decisión, pudieran comprender los motivos que lo habían llevado a tomarla. Los principios 17 y 18 de Dale Carnegie en su libro *Cómo ganar amigos e influir sobre las personas* nos aconsejan "Intente, sinceramente, ver las cosas desde el punto de vista del otro" y "Sea empático con los deseos y las ideas de los demás". Si seguimos sus consejos, nuestras presentaciones resultarán motivadoras.

En este capítulo, hablamos de las distintas maneras de cerrar una presentación; así finalizamos con el tema de la estructura de la charla. En la Parte II, nos enfocaremos en el "corazón" del asunto: cómo promover un vínculo de confianza con la audiencia.

Pensamientos de un maestro: Andreas Iffland, *instructor calificado, Alemania*

Si pudiera darle un consejo a alguien que desea mejorar como orador, ¿cuál sería?

Mi consejo es simple. Que sea auténtico. Muchas personas interpretan mal esta idea. Mi intención es alejar a las personas de su zona de confort. Cuando les propongo que se muestren tal como son, me dicen: "No puedo hacer eso". Pero todos pueden. No se trata de representar un papel o actuar; si resultas poco natural, perderás la credibilidad. Tampoco uses la excusa de "ser tú mismo" para no cambiar. Sé la mejor versión de ti.

Del mismísimo Dale Carnegie

¿Cómo se hace para conducir una charla a su clímax y al cierre? A continuación, algunas sugerencias:

SINTETICE. En una charla extensa, el orador tiende a abarcar demasiado terreno, y los oyentes terminan sin entender cuáles son los puntos principales. Son pocos los oradores que tienen esto en cuenta. Creen, erróneamente, que, como ellos tienen esos puntos clarísimos en su mente, lo mismo ocurre con los oyentes. Esto no es así. El orador viene reflexionando sobre estas ideas desde un tiempo atrás. En cambio, para la audiencia, son toda una novedad; y se las arrojan como si fueran un puñado de canicas. Algunas quizá den en el blanco, pero la mayoría van a rodar por el suelo, perdidas. Lo más probable es que la audiencia, en palabras de Shakespeare, "muchas cosas recuerde, pero todas confusas e incoherentes". Se comenta que un político irlandés, del cual no sabemos su nombre, dio estas instrucciones para dar una charla: "Primero, diga al público qué es lo que va a decirles; luego, dígalo efectivamente; y por último, dígales lo que les acaba de decir". Suele ser muy recomendable repetirle a la audiencia lo que se le acaba de decir.

HAGA UN LLAMADO A LA ACCIÓN. En una charla cuyo objetivo es asegurarse que se tomen medidas, el momento de hacer el pedido son las palabras finales. Entonces, ¡no pierda la oportunidad! Pida a su audiencia que se una, contribuya, vote, escriba, hable por teléfono, compre, boicotee, reclute, absuelva o lo que usted desee que ellos hagan. Pero cuidado: que su pedido sea específico. No diga: "Colaboren con la Cruz Roja". Eso es demasiado general. Pídales: "Esta noche, envíen un dólar para suscribirse a la Cruz Roja; la sucursal está en el 125 de la calle Smith".

Exija de los oyentes una respuesta que esté a su alcance. No diga: "Votemos en contra de la producción y el consumo de alcohol". Eso es imposible; ya no existen campañas en contra de eso. Podría sugerirles, en cambio, que se unan a una sociedad de templanza o que contribuyan con alguna organización que luche contra la producción y el consumo de bebidas alcohólicas. Dígalo de la manera más sencilla posible para que su audiencia responda al pedido.

No proponga: "Escriban a su congresista para que vote en contra de esa ley". El noventa y nueve por ciento de los oyentes no lo hará. O no estarán tan interesados; o les resultará demasiado inconveniente; o se olvidarán. Presente la propuesta como algo fácil y agradable de hacer. ¿Cómo? Escribiendo usted mismo una carta al congresista que diga: "Nosotros, los aquí firmantes, le exigimos que vote en contra de la ley 74.321". Haga circular la carta entre la audiencia junto con una lapicera y, muy posiblemente, consiga un montón de firmas... y también pierda su lapicera.

PARTE II

El contenido

La fórmula de la confianza

Cuando hablamos frente a una audiencia, ya sea numerosa o reducida, lo que intentamos es generar confianza: confianza en lo que decimos, confianza en la audiencia, confianza en el orador. Para eso, debemos demostrar credibilidad y empatía.

Confianza = credibilidad + empatía

La credibilidad es que la audiencia nos crea; ganarnos el derecho de hablarles y de aclarar cualquier duda que pudieran tener. La audiencia debe creer en nosotros y en nuestra capacidad para guiarlos a lo largo de la presentación; de lo contrario, no estarán dispuestos a comprometerse ni a moldear sus ideas de acuerdo con lo que les digamos. No lograremos eso siendo algo o alguien que no somos.

La empatía es comprender profundamente a la audiencia. Es ponerse en su lugar para identificar qué necesitan oír de nosotros y motivarlos a actuar.

5

La credibilidad

Para convencer a su audiencia, Mark Cahill debe resultar creíble y ser visto como experto en la materia. En este último punto, tiene un punto a favor porque conoce al dedillo la tecnología que propone para la expansión. Contar con los conocimientos y ser un orador creíble son dos cualidades distintas. Mark es consciente de que no alcanzará las metas de su presentación si no logra demostrar que es competente.

La credibilidad comienza con los consejos de Dale

Para generar credibilidad en la audiencia, deben cumplirse los tres consejos de Dale Carnegie.

1. Habernos **ganado el derecho** de hablar sobre el tema y de contar historias por nuestra experiencia o nuestros conocimientos.
2. Sentir **entusiasmo** por lo que tengamos para decir, sin dudas ni temores.
3. **Ansiar** compartir el valor de nuestro mensaje con los oyentes.

El secreto está en ser nosotros mismos. Si sentimos que cumplimos con los tres requisitos, tendremos la seguridad de que somos capaces de transmitir credibilidad y de hablar con convicción sobre el tema.

Rebecca Collier, instructora calificada internacional de Dale Carnegie, cuenta la historia de cómo alguien (lo llamaremos Lee) perteneciente a la tercera generación de una familia dedicada hacía ya muchos años al mismo rubro se ganó la credibilidad de su audiencia.

"En esta empresa, que operaba una misma familia desde más de ochenta años atrás y ejercía un lugar dominante dentro del mercado nacional e internacional, los miembros de esa familia debían comenzar desde abajo e ir ascendiendo de a poco. Por lo tanto, la mayoría de la audiencia conocía a los abuelos, padres y hermanos de Lee. Eran gerentes generales y vicepresidentes del más alto nivel. Lee no tenía la experiencia de esas personas, pero contaba con el ADN familiar.

"En su primera presentación, Lee se sintió inseguro y era obvio que estaba incómodo. En la última que dio, que era sobre cómo motivar a las personas para que cambiaran, la admiración y el respeto que Lee se había ganado entre esos ejecutivos eran PALPABLES. Sólidos como una roca. El nivel de confianza de Lee había cambiado. Lo que marcó ese cambio fue que Lee se capacitó para ser una buena persona con habilidad para la oratoria; es decir, basó su credibilidad no en su nombre, sino en lo que era como persona".

Este es el tema recurrente entre los expertos con quienes hablamos. Para ser un orador eficaz, debemos mostrar quiénes somos. No se trata de un truco ni de una técnica: es una energía y una forma de pensar. Cuando transmitamos a la audiencia que lo que van a recibir es algo valioso y significativo, ellos nos creerán.

Llegar a la base

Ercell Charles, vicepresidente internacional del área de Transformación del Cliente en Dale Carnegie y Asociados, daba un seminario sobre oratoria a un grupo del que formaba parte un director regional de ventas de una empresa constructora en las afueras de North Carolina. Ercell cuenta:

"Era un hombre impecablemente vestido y con una conversación atractiva. Lideraba alguna de las conversaciones dentro de su grupo y lograba involucrar a los demás. Mi reacción inicial al observar la manera en la que interactuaba fue aprovechar el receso para preguntarle ¡si no se había equivocado de programa! Eso hice. Sin dudarlo, me respondió:

"—No. Me inscribí precisamente a este programa.

"—¿No tiene problema en continuar en esta clase? —le pregunté.

"—Claro que no.

"Luego del receso, se les pidió a los participantes que hablaran entre treinta y sesenta segundos sobre ellos mismos. No se trataba de hacer una presentación; eran conversaciones informales, como si estuvieran hablando conmigo, el instructor.

"Cuando le tocó el turno al director regional de ventas, se transformó. Primero, su rostro se volvió del color de un tomate; comenzó a sudar tan profusamente que las gotas le caían sobre los hombros y las solapas del traje. Tartamudeaba al hablar y costaba escucharlo por lo bajo que hablaba. Pronto le empezó a faltar el aire, como si estuviera hiperventilando. Nadie en la sala podía creer lo que veía. Inmediatamente después de su charla, nos tomamos un descanso y me acerqué a él. Lo llevé afuera de la sala y le pregunté si se sentía bien. Me dijo:

"—Soy de esos que prefieren morir antes de hablar en público. Es un problema que me atormentó siempre y que impidió que me ascendieran en la empresa. Ahora pretenden que me haga cargo de una división nueva, pero, si no logro superar esta fobia, no podré progresar y mi carrera estará terminada —continuó—: Soy un esquiador de alto riesgo. Viajo por el mundo en busca de las pendientes y los picos más altos. No le tengo miedo a la muerte; siempre estoy a la caza de emociones fuertes. Hablar en público es mi punto débil.

"Tomó el teléfono y me enseñó un video de él descendiendo una cuesta altísima a toda carrera. La excitación negativa que le provocaba su fobia se transformó en excitación positiva. Cuando me di cuenta de este cambio en su estado de ánimo, le pregunté si no le molestaba que yo proyectara ese video al resto de la clase. Conecté el teléfono al proyector y le pedí que hablara sobre esquí extremo desde su silla. Una vez reproducido el video, le propuse que pasara al frente y, sin hablar, nos enseñara cómo bajar una pendiente pronunciada esquiando. Luego le dije que cerrara los ojos y nos contará qué era lo que un esquiador debía tener principalmente en cuenta para dominar esas pendientes. Por último, le pedí que abriera los ojos y, sin dejar de esquiar, se presentara. Así pudo completar su primera presentación sin problema. Durante los dos días restantes del seminario, cada vez que este director debía hacer una presentación, lo hacía fingiendo que esquiaba.

"Este hombre cumplió con los tres requisitos de Carnegie. En especial, el de las 'ansias de compartir', lo que logró transfiriendo su pasión por el esquí a una montaña interna que muchos oradores deben superar.

"Tiempo después, volvimos a conversar, y me contó que, aunque todavía se ponía nervioso al dar una presentación, había hallado la manera de apartarse de esa sensación y llegar sano y salvo a la base de la montaña".

Golfistas e ingenieros

Ken Beyersdorf, presidente de la filial de Dale Carnegie en Arizona, cuenta la historia de una convención internacional de ventas que se transformó en una práctica de golf de cinco días. Todos los años, esta empresa reunía entre ochocientos y mil representantes de ventas con la intención de informarles acerca de los últimos avances tecnológicos. Una veintena de ingenieros dedicaba su tiempo a preparar una presentación en la que nadie quería estar. Lo único que los vendedores querían era que la presentación terminara para poder beber y jugar al golf.

"Hablamos con los ingenieros para que usaran términos simples que todos pudieran entender y aplicar al vender esa tecnología. Nos reunimos individualmente con cada uno de ellos y detectamos cuáles eran las falencias en su desempeño. Desarrollamos sus competencias y les enseñamos el formato para presentar información técnica. La segunda etapa consistió en tomar ese formato y crear una presentación con la información que ellos pensaban compartir. Los ingenieros practicaron durante dos semanas, hicieron la presentación, maximizaron lo aprendido e hicieron ajustes. "La práctica hace al hábito. La práctica perfecta hace a la perfección".

Los ingenieros confesaron que era la mejor interacción que habían tenido con los vendedores en años. Después de la presentación, se les acercaron para hacerles preguntas. ¡Los vendedores querían hablar con los ingenieros! Eso era porque los ingenieros habían resultado creíbles y se habían abierto para permitir que los vendedores se acercaran con sus inquietudes. La forma en la que los ingenieros presentaron la información modificó la relación y promovió el trabajo en conjunto de ambos grupos para beneficio mutuo.

Me gané el derecho de ser instructora

Berit Friman, directora ejecutiva de Dale Carnegie en Suecia, cuenta cómo una de sus clientas se ganó el derecho de ser instructora al comenzar su presentación con una historia convincente.

"La empresa se dedicaba a la venta de soluciones tecnológicas para comercios minoristas; nosotros estábamos preparando al equipo de ejecutivos para que dieran una presentación con el fin de atraer inversores. Era una presentación con muchísimos números y datos, y corría el riesgo de ser aburrida. Pero los inversores también son seres humanos, y nosotros queríamos que entendieran de qué se trataba ese negocio.

"Para eso, el director ejecutivo propuso compartir una anécdota personal. 'Era temprano en una mañana oscura y lluviosa en la zona nórdica. Un día terrible para inaugurar una tienda. ¿Quién iba a ir con ese clima? Me sentía pésimo porque sabía que mi equipo había trabajado mucho para que todo estuviera listo. Me subí al auto y conduje en la oscuridad y bajo la lluvia torrencial. Cuanto más me acercaba a la tienda, más crecían mis dudas. Pero al llegar, la sorpresa fue total. ¡La fila para entrar era larguísima! Había personas esperando, con el frío y el aguacero, para ser parte de la apertura. Lo que había sucedido decía algo acerca de la marca y del deseo de participar de los clientes; y también resultaba atractivo para los inversores, ya que sentían que podían insertarse activamente en esa historia y no ser solo un número en una diapositiva'".

Berit continuó: "El director ejecutivo insistía en comenzar la presentación con esta anécdota. A mí me preocupaba que no tuviera el efecto esperado, pero él asumió el riesgo de contar algo personal. Y lo logró. Hoy en día, las personas todavía recuerdan la historia".

Mark Fitzmaurice, director e instructor calificado de Dale Carnegie, Reino Unido, dice: "Debemos estar dispuestos a correr riesgos en nuestras presentaciones. El riesgo de ser audaces y convincentes. Si no, el aprendizaje no habrá servido de nada. Sí, es necesario aprender, pero luego llega el momento de poner en práctica eso que aprendimos y, para eso, se necesitan coraje y audacia". Si no nos apartamos de nuestra zona de confort, nunca creceremos y nos estancaremos. Sigamos creciendo.

La evidencia vence las dudas

Dale Carnegie hace referencia a siete métodos para ofrecer evidencias en nuestras presentaciones con el fin de erradicar las dudas.

Demostraciones: Podemos demostrar en forma tangible el uso o la eficacia de un producto, una idea o un objeto. Un ejemplo es el del vendedor australiano que subió al escenario montado en una Harley Davidson para demostrar el amor que sentía por Estados Unidos.

Ejemplos: Al dar un ejemplo concreto de nuestras ideas mediante el relato de historias verídicas, acercamos al oyente a la charla y la hacemos vívida. "Este es un ejemplo de cómo este extinguidor de incendios salvó la vida de una familia en plena madrugada...".

Hechos: Los hechos pueden corroborarse y repetirse. No hay muchas evidencias mejores que los hechos. Usamos datos para ilustrar lo que queremos decir. Si a eso le agregamos una historia, seremos muy convincentes.

Visualizaciones: Las visualizaciones son similares a las demostraciones. Cuando decimos "visualización", se nos viene a la mente la imagen de un abogado exhibiendo ante un tribunal una foto o un objeto que demuestre algo. Al utilizar un objeto físico para transmitir lo que queremos decir, el mensaje se anclará en la memoria con firmeza.

Analogías: Son la comparación de las similitudes de dos objetos o ideas disímiles. Por ejemplo, "Así como un despegue y un aterrizaje sin problemas son esenciales para considerar que un vuelo ha sido exitoso, comenzar y cerrar una presentación sin problemas es también esencial para su éxito".

Testimonios: Los testimonios son una de las maneras más contundentes de erradicar las dudas y resultar creíbles. Los seres humanos somos criaturas sociales y, cuando vemos o escuchamos que alguien vivió una experiencia positiva con algo, sentimos que tenemos muchas chances de que nos ocurra lo mismo. Cuando compramos un producto o contratamos a una persona basándonos en reseñas, estamos reconociendo el poder de los testimonios. Si no consigues que otros den sus testimonios en vivo, graba un video. Y si esto tampoco es posible, incluye sus palabras y sus nombres en la presentación.

Estadísticas: Las estadísticas son la selección de datos que respaldan el tema central. Por ejemplo: "Cuatro de cada cinco dentistas recomiendan elegir goma de mascar sin azúcar". El dato es, en realidad: "Cuatro dentistas recomiendan elegir goma de mascar sin azúcar; uno, no". Pero eso no resultaría convincente. En cambio, si decimos "cuatro de cada cinco", la recomendación tiene más peso.

Las estadísticas pueden saturar, así que aplícalas con cuidado. Si nos limitamos a citarlas, una tras otra, corremos el riesgo de que la audiencia deje de prestarnos atención. Aquí es donde conocer a la audiencia marca la diferencia. Si hablamos frente a un grupo de ingenieros, científicos, contadores u otras personas en las que prime "el hemisferio izquierdo del cerebro", podremos mencionar más números y estadísticas. Si nuestra audiencia es más intuitiva, lo haremos en forma más espaciada. Recuerda que no basta con mencionar un montón de datos. Debemos ayudar a que la audiencia interprete esos datos y "una los puntos" para descifrar el mensaje. No te sientes a esperar a que descubran el significado de la estadística; ayúdalos a seguir las pistas para que no se desvíen del camino y lleguen a la conclusión equivocada.

Un posteo del blog de Dale Carnegie en Long Beach y Southern Los Ángeles ofrece la siguiente explicación:

En cualquier situación, el marco central para lograr transmitir lo que quieres decir reside en tu capacidad para incluir evidencias. A continuación, nuestros siete principios para usar evidencias y erradicar las dudas.

1. Demostraciones

Si alguna vez te sentiste atraído por un infomercial nocturno o compraste algo porque viste cómo funcionaba en una tienda o en una conferencia, ya estás familiarizado con el poder de las demostraciones.

Puedes hablar todo el día de lo alucinante que es tu idea, tu programa informático o tu servicio, pero nada se compara con demostrar cómo funcionan. Al hacerlo, el otro puede imaginarse la manera de usarlo, de financiarlo o de comercializarlo. Si te resulta práctico, involucra a la audiencia en la demostración.

2. Ejemplos

Contar anécdotas acerca de otras personas que se hayan beneficiado de tu idea, producto o servicio es una de las mejores maneras de aplicar los ejemplos y constituye, también, una forma de brindar evidencia.

La clave para citar ejemplos es concentrarse en un solo incidente y, acto seguido, dejar en claro cuál fue la medida que se tomó y cuál su beneficio. En nuestras capacitaciones, enseñamos un proceso para hacer esto eficazmente, llamado la "Fórmula mágica" (el nombre puede sonar gracioso, pero el concepto es poderoso). Hablaremos de la "Fórmula mágica" más adelante en este libro.

3. Hechos

Para que un hecho resulte provechoso, debería ser verificable e irrefutable. Asegurar que tu equipo o tu empresa son "los mejores de la industria" es casi imposible de verificar, y la competencia seguramente refutará esa afirmación.

En vez de eso, resalta hechos que sean fáciles de confirmar y no puedan discutirse. Cuando nos referimos a nuestra organización, destacamos que Dale Carnegie opera desde 1912. No hace falta decir ni una sola palabra sobre credibilidad o sustentabilidad; el hecho transmite esos conceptos y es fácil de verificar.

4. Visualizaciones

Las Naciones Unidas participan de la iniciativa UN.GIFT (Iniciativa Global contra la Trata de Personas), cuyo fin es informar sobre este problema por medio de paneles con datos, armados como si fueran una caja para regalo enorme. Estas cajas viajan por todo el mundo y funcionan como una exposición por la que las personas transitan. Las cajas, además, se personalizan de acuerdo con la comunidad. Las conexiones que se producen entre los asistentes a estas exposiciones muchas veces derivan en nuevos proyectos de concientización en cada lugar en particular.

Este es un ejemplo fantástico de cómo usar una exposición para transmitir un mensaje importante y de cómo usar una muestra estática para contar al mundo lo que se quiere decir.

5. Analogías

Si el mensaje que quieres transmitir es difícil de comprender, recurre a una analogía. Así podrás relacionar lo que buscas explicar con algo que la audiencia conoce y evitarás la sensación de que ellos saben menos que tú de ese tema en particular (lo que casi nunca es buena idea).

Comienza con algo con lo que la mayoría esté familiarizada y úsalo para explicar la parte compleja. Hace unos años, uno de nuestros clientes en ExxonMobil lo hizo de maravillas. Le preguntamos cómo se producían las distintas clases de gasolina y lo comparó con comer salsa y papas fritas en un restaurante mexicano.

"Si les sirven una salsa picante y otra sin picante, ¿cómo harían para lograr una salsa que sea medianamente picante?". La respuesta obvia era mezclarlas. "Así es como hacemos la gasolina de calidad intermedia. En la refinería, solo producimos gasolinas de calidad superior e inferior y, luego, las mezclamos para obtener la de calidad intermedia".

6. Testimonios

Cada vez que hables a favor de algo, una de las preguntas que siempre acechará en lo profundo de la mente del que escucha (la formule en voz alta o no) es: "¿Quién lo dice, además de ti?".

Es obvio que tú hablarás a favor; si no, no estarías dando la presentación. Pero tu argumento será más creíble si incluyes el testimonio de un tercero. ¿A quién deberíamos convocar?

A continuación, dos reglas para saber a quién pedirle que dé testimonio:

1. Alguien que haya tenido una experiencia con tu producto o servicio.
2. Alguien que tu audiencia considere confiable.

La segunda regla casi nunca se tiene en cuenta. Que alguien diga algo positivo sobre tu idea, servicio u organización no asegura que la audiencia vaya a creerle. Elegir testimonios que la audiencia considere creíbles es crucial.

7. *Estadísticas*

Las estadísticas se rigen por las mismas normas que los hechos, pero suelen incluir cifras y tendencias. Hay un viejo adagio, que quizá conozcas, que dice: "Existen tres clases de mentiras: las mentiras comunes, las mentiras graves y las estadísticas".

Son tantas las personas y las organizaciones que manipulan las cifras para apoyar su causa que, si planeas tener éxito al usar estadísticas, debes estar siempre alerta. A continuación, tres pautas:

1. Asegúrate de que las estadísticas sean fáciles de entender.
2. Recurre a fuentes que resulten creíbles (para la audiencia).
3. Ofrece a la audiencia un modo sencillo de verificar las fuentes.

Qué hacer y qué no para demostrar credibilidad

Apréndete el material hasta incorporarlo.	No uses jergas ni acrónimos.
Aprende más del tema de lo que necesitas para la charla.	No escribas toda la presentación. Si preparas algunas notas escritas, solo úsalas como referencia
Usa apoyos visuales.	No abras la presentación con un chiste.
Sé tú mismo.	No restrinjas la presentación a apoyos visuales.
Usa evidencia para eliminar las dudas.	No pretendas ser algo o alguien que no eres.
Nombra a las personas por su nombre completo y su cargo.	

Lo mejor que podemos hacer para mejorar nuestra capacidad de hablar en público es practicar. Practicar en voz alta. Practicar con una audiencia en vivo. Practicar hasta que nos salga bien. ¿Por qué muchos piensan que hablar en público es distinto de cualquier otra forma de arte? Nadie intentaría tocar el violín frente a una audiencia sin haber practicado durante años. Ningún músico se presentaría ante el público si no dominara la melodía. Hablar en público es lo mismo; así que dedicarle un tiempo a ensayar es un paso esencial.

En este capítulo, analizamos los tres requisitos de Dale Carnegie para resultar creíbles y los siete métodos, también de Dale Carnegie, para erradicar las dudas. En el próximo, hablaremos del segundo componente en la fórmula de la confianza: la empatía.

Pensamientos de una maestra: Brenda Wells, *Dale Carnegie de Orange County, California*

Si pudiera darle un consejo a alguien que desea mejorar como orador, ¿cuál sería?

Amígate con tus nervios. Las personas tienden a creer que los buenos oradores son los que no están nerviosos. ¡Y, por lo general, esos son los peores! No se preparan, se confían o se enfocan en lo que ellos sienten y no en la audiencia. Dan por sentado que les irá bien. Estar tranquilo no implica ser buen orador. Los nervios te inducen a prepararte mejor.

Del mismísimo Dale Carnegie

Una vez, se pidió a un grupo de instructores que escribieran en un papel cuál era, en su opinión, el mayor problema de los que daban sus primeros pasos como oradores. Al computar los resultados, se supo que "lograr que hablen del tema correcto" era el problema más frecuente en las primeras sesiones del curso. ¿Cuál es el tema correcto? El tema correcto para usted es el que haya vivido, aquel del cual se apropió a través de la experiencia y de la reflexión. ¿Cómo hallar esos temas? Hurgando en su mente y en su historia hasta dar con esas vivencias significativas que le hayan dejado una marca.

Hace muchos años hicimos una encuesta sobre los temas que atraían la atención de los oyentes en nuestras clases. Descubrimos que los temas de mayor consenso entre la audiencia estaban relacionados con ciertas áreas bastantes definidas de su historia: los primeros años y la crianza. Los temas vinculados con la familia, los recuerdos de la niñez, la escuela, resultaban invariablemente convocantes, ya que a la mayoría nos interesa saber con qué obstáculos se encontraron los demás en el ambiente donde se criaron y cómo los superaron. Cada vez que sea posible, incluya en las charlas ilustraciones y ejemplos de sus primeros años. La popularidad de obras de teatro, películas y libros que tratan del descubrimiento de los problemas del mundo en la infancia comprueba el valor de este tema en las charlas.

¿Pero cómo estar seguros de que a los demás les interesará lo que le ocurrió a usted cuando niño? Haga la siguiente prueba. Si algo se conserva vívidamente en su memoria después de muchos años, tenga la seguridad de que será atractivo para la audiencia.

Los primeros esfuerzos por progresar
Esta es un área que también atrapa mucho el interés humano. Usted puede convocar la atención de la audiencia relatando sus primeros intentos por dejar una huella en el mundo. ¿Cómo se inició en ese trabajo o profesión? ¿Qué circunstancias de la vida explican que haya elegido esa carrera? Hable de sus tropiezos, sus esperanzas y sus triunfos cuando intentaba establecerse en el mundo competitivo. La descripción vívida de una vida —si se la relata con modestia— es un material que seguramente causará impacto.

Pasatiempos y recreación
Estos temas dependen de una elección personal y, por eso, interesan. Nada puede salir mal si habla de una actividad que realiza por puro placer. El entusiasmo genuino por su pasatiempo hará que logre transmitir el tema a la audiencia.

Áreas específicas de conocimiento
Trabajar muchos años en un mismo campo nos convierte en expertos en el tema. Tendrá garantizada la atención respetuosa de la audiencia si analiza aspectos de su trabajo o profesión sobre la base de años de experiencia o estudio.

Experiencias inusuales
¿Conoció a alguien célebre? ¿Combatió en la guerra? ¿Tuvo alguna crisis espiritual? Estas experiencias son el mejor material para una charla.

Creencias y convicciones
Quizás usted dedicó una cantidad enorme de tiempo y esfuerzo en pensar qué postura tomar con respecto a algunos temas vitales puestos en juego en la actualidad. Si destinó muchas horas a estudiar temas importantes, se ganó el derecho de hablar de ellos. Si lo hace, asegúrese de dar ejemplos específicos de sus convicciones. El público no disfruta de las generalidades. Leer por encima unos pocos artículos periodísticos

no basta para hablar sobre un tema. Si sabe apenas un poco más que el resto, es mejor evitarlo. Por otro lado, si dedicó años de estudio a un tema en particular, es obvio que está hecho a su medida. No lo dude e inclúyalo en su charla.

6

La empatía

Mark Cahill estaba practicando la presentación con su esposa. Ya había completado la apertura, compartido hechos y evidencia que demostraban su credibilidad, y estaba a punto de dar el cierre cuando su esposa lo detuvo. "Mark, entendí todo lo que hablaste y los datos me parecieron muy lógicos. Pero falta algo. ¿Por qué debería IMPORTARLES lo que dices? Lo que falta es la sensación de... empatía, de interacción. Tu presentación convoca al hemisferio izquierdo, lógico, del cerebro. ¿Y el costado más humano?"

Recuerda que la fórmula de la confianza es:

Confianza – credibilidad + empatía

El segundo componente, la empatía, se relaciona con la conexión que establezcamos con la audiencia, con la sintonía con lo que ellos desean oír en ese momento.

Dave Wright, director ejecutivo del área de Capacitaciones de Dale Carnegie en Houston, Austin y San Antonio, cuenta una historia muy personal. "En nuestro equipo, había una mujer muy querida, que nos acompañaba desde 2008. Era literalmente el pilar del equipo de ventas. En 2018, sufrió más de un accidente cerebrovascular y tuvo que dejar de trabajar. Eso nos devastó. La primera reunión de equipo después de este incidente iba a ser en enero de 2019. Estuve todo un día pensando cómo sería la primera hora. Entonces me pregunté: '¿En qué situación está mi equipo ahora? (emocionalmente destruido) y ¿a qué situación quiero llevarlo? (que sientan que pueden salir adelante)'.

"Debía partir de la situación en la que estaban y planear una presentación que pasara de aferrarnos de las manos y llorar a tomar la decisión de seguir adelante. Teníamos que avanzar. Comencé con un video sobre su estado emocional en ese momento; luego, les hablé de mis sentimientos y de que me sentía entero. '¿Nuestros objetivos siguen siendo los mismos? ¿Nos siguen motivando? ¿Qué querría ella que hagamos? ¿Cómo llenamos ese espacio?'. Y terminé la charla con algunas medidas que podíamos tomar".

¿Cómo hizo Dave para lograr que su equipo superara la crisis emocional? Enfocándose en ELLOS y en lo que ELLOS necesitaban. Otro director hubiera resuelto el asunto limitándose a hacer un reconocimiento formal de la antigua integrante del equipo. Pero eso hubiera caído mal y fracasado, ya sea durante la reunión o después. Si no tenemos en cuenta lo que está en su mente, no conseguiremos que la audiencia se concentre ni que preste atención a nuestro mensaje.

Habilidades sociales clave

Las habilidades sociales están entre las más importantes que cualquier persona puede tener.

¿Por qué ciertas personas causan una impresión muy positiva al dar una presentación? ¿Qué comportamientos hacen que unas personas se graben en nuestra memoria y se vuelvan inolvidables, mientras que olvidamos instantáneamente a otras? ¿Qué comportamientos determinan el prestigio de algunos? Las respuestas están en cinco habilidades sociales clave.

Si bien estas habilidades están entre las más importantes que cualquiera puede tener y son innatas para un porcentaje de personas, también pueden aprenderse.

Relajarse

La primera habilidad no tiene que ver con qué hacemos, sino con cómo nos sentimos. Es la capacidad de *relajarse* en un entorno social o laboral. El estrés y la ansiedad son contagiosos. Si nos sentimos cómodos, esa sensación se transmite a los que nos rodean; los científicos lo llaman "contagio emocional". ¡Sí! Las emociones también se contagian. Si mantenemos la calma y nos mostramos confiados, es muy probable que los demás nos reciban con ese estado de ánimo. Para desarrollar la habilidad de relajarse, lo primero que debemos hacer es recordar que lo importante ¡no es el orador! Como ya dijimos, cuando trasladamos el foco de "¿Qué van a pensar de mí?" a "¿Cómo puedo conectar con ellos?", tendemos a relajarnos porque dejamos de prestar atención a nuestro nerviosismo para pensar en cómo podemos serles útiles a los demás.

Sin dramatizar, podemos comentarle a la audiencia que, a veces, conocer personas nuevas o hablar en público nos pone un poco nerviosos. Posiblemente, esto creará una sensación de empatía, ya que casi todos pasamos por esa experiencia. Lo principal es hablar del tema de frente (¡sin pedir disculpas!); así la tensión se aliviará. Confía en que nadie va a usar eso en tu contra. Es más, compartir esos sentimientos tan humanos con la audiencia es una manera excelente de ponerla de nuestro lado.

Ten en cuenta que ciertas acciones actúan como disparadores de la ansiedad, aunque creamos que sirven para tranquilizarnos. Intenta no hacer nada demasiado rápido, ya sea caminar, hablar, comer o, incluso, sentarte. Los movimientos rápidos, sorpresivos, despiertan el impulso primitivo de quedarse y luchar o huir, y eso es lo último que queremos. Haz las cosas a tu ritmo. Di para tus adentros que debes relajarte. Te sorprenderás de ver cómo aumenta tu nivel de confianza, y el efecto positivo que eso causará en los que te rodean.

Escuchar

La capacidad de relajarse es la primera habilidad social de una persona segura de sí; y la segunda habilidad está muy relacionada con la primera. Se trata de la *habilidad para escuchar*. Las personas que no se sienten cómodas tienden a hablar mucho, en voz muy alta o demasiado rápido en un intento equivocado de controlar la situación, ya que tienen miedo de lo que podría ocurrir si no actúan así. Lo lamentable es que resulta muy molesto tratar de interactuar con una persona que no nos permite meter ni un bocadillo.

Escucha atentamente. A veces, la oportunidad golpea despacio a la puerta. Aun cuando estemos hablando frente a un grupo, podemos escuchar. Escucha la energía que hay en la sala. Escucha para saber si la audiencia te presta atención o está aburrida. Hazles preguntas y escucha sus respuestas.

Aubrey Percy era una de las oradoras invitadas en las jornadas sobre innovación para gerentes de planta de una empresa elaboradora de alimentos. Le tocaba hablar el primero de los tres días que duraba el encuentro. Aunque ya había hecho esa presentación antes sin problemas, la audiencia en ese lugar no era receptiva. ¡Era muy fría! Prácticamente podía oír el canto de los grillos cada vez que hacía una pregunta. Aubrey escuchó la energía del grupo y decidió dar un vuelco a su presentación: eliminó las partes participativas, ya que era evidente que no estaban funcionando. Así logró llegar al final sin problemas. Cuando le comentó esto a uno de los organizadores, Aubrey se enteró de que el orador que la seguía iba a hablar sobre la reestructuración en el área de elaboración. ¡Con razón nadie le prestaba atención! Estaban preocupados por sus trabajos. A nadie se le ocurrió mencionarle esto a Aubrey, y a ella no se le ocurrió preguntar.

Empatizar

A la vez que escuchamos a la audiencia, podemos comenzar a acercarnos a la tercera habilidad para establecer una interacción sintiéndonos confiados en nosotros mismos. Se trata de sentir *empatía e interés genuino* por las experiencias del grupo. Aprender a sentir realmente lo que el otro intenta comunicar es quizás el modo más eficaz de resultar inolvidables; tal vez, simplemente, por ser algo tan infrecuente.

A continuación, una técnica sencilla para desarrollar la empatía en muy poco tiempo. Consiste en identificar ciertos comportamientos interpersonales muy habituales y de tomar la decisión de erradicarlos. El juego se llama "Ir por más". Quizá nunca hayas oído hablar de este juego, pero casi seguro lo jugaste. Y, si no lo jugaste, es todavía más seguro que lo hayan jugado contigo.

Así es cómo funciona el juego: alguien cuenta una historia; por lo general, se trata de algo que le sucedió a esa misma persona. Cuando termina, otra persona cuenta una historia sobre sí misma que supera la primera. Es un proceso simple y natural. Quizás esa es la razón por la que ocupa tanto tiempo en cualquier conversación, pero también es lo que aniquila la empatía con nuestro interlocutor. Y quizá también es la razón por la que tan pocas personas logran experimentar una conexión verdaderamente empática.

"Ir por más" es un juego atrayente porque a la mayoría de las personas les cuesta refrenar sus ganas de hablar sobre ellos mismos. ¿Crees que esas personas realmente escuchan lo que dijo el otro? ¿Crees que esas personas están estableciendo una conexión? Nada de eso. Cuando interactúes con tu audiencia, resiste tus ganas de superar lo que el otro acaba de contar o de concentrar la atención en ti.

Establecer una conexión

Empatizar es un sentimiento. *Establecer una conexión*, la cuarta habilidad social clave, es la expresión de ese sentimiento. Cuando sentimos empatía, nuestras acciones establecen una conexión, un estado de comprensión propio de la interacción social que, básicamente, dice: "Somos parecidos; nos entendemos". Esta conexión sucede a nivel inconsciente y, cuando se logra, el idioma, los patrones de habla, la postura y los movimientos corporales y otros aspectos de la comunicación se sincronizan al detalle.

Jonathan Vehar, exvicepresidente del área de Productos de Dale Carnegie, recuerda una presentación con estudiantes de una maestría en administración. Les había pedido que aplaudieran de una manera determinada para explicar algo acerca de los hábitos y, en la mitad de la actividad, una de las participantes se cayó de la silla y sufrió un ataque de epilepsia. Nadie sabía qué hacer. Jonathan recordó sus clases de primeros auxilios y le pidió a otro estudiante que llamara al número de emergencias; luego, siguió el protocolo correspondiente desalojando la sala. Una vez que los paramédicos llegaron y trataron a la mujer, Jonathan aprovechó para pedirle a uno de ellos que diera una charla improvisada sobre qué hacer frente a un caso de epilepsia y alentó a los estudiantes a que le hicieran preguntas. "Sí, va a estar bien; las personas que sufren un ataque de epilepsia generalmente se sienten exhaustas e irritables cuando se recuperan". "Sí, es probable que mañana vuelva a clase". "No, la actividad del aplauso no provocó el ataque". Cuando se fueron, el grupo retomó la clase sin problemas.

Jonathan detectó los sentimientos de impotencia, preocupación y temor del grupo al estar ahí, sin saber qué hacer, mientras una compañera sufría un ataque y dedicó un tiempo para ayudarlos a procesar esos sentimientos lo mejor posible, convocando a los paramédicos para que los instruyeran.

El establecimiento de una conexión es un proceso inconsciente, que puede estimularse mediante esfuerzos conscientes. Uno de ellos es imitar o reflejar el comportamiento verbal de la otra persona. No es complicado: se trata simplemente de repetir su manera de hablar, lo que incluye el volumen de la voz, el tono y la elección de las palabras. A veces, cuando dos personas se sienten a gusto estando juntas, eso ocurre naturalmente. La conexión se establece de manera espontánea. En otras, esta técnica de espejo sirve para establecer una conexión que, de lo contrario, no existiría.

Una subcategoría importante es el contacto visual. Esto no quiere decir que debamos clavarle la mirada a nuestro interlocutor; eso, de hecho, podría expresar enojo. Pero mirarlo a los ojos cuando nos habla o escucha es una regla básica de civilidad. Demuestra que les prestamos nuestra total atención. Que estamos enfocados en ellos y en lo que tienen para decir. Si no establecemos contacto visual, muchas serán las ideas que atravesarán la mente de nuestro interlocutor... y ninguna será positiva. Creerán que no los estamos escuchando o que no nos interesa conversar con ellos. Y, si no son personas seguras de sí, se sentirán heridas y se culparán por no haber logrado establecer una conexión. Pero, si no pudimos siquiera mirar a nuestro interlocutor a los ojos, somos nosotros los responsables de que eso ocurra.

Las personas necesitan recibir atención… y también brindarla. Escucha al otro con empatía y luego comparte ideas y preocupaciones similares, pero propias. No abrumes al otro con tu drama —no juegues al "Ir por más"—, pero tampoco seas tan reservado que te sientan distante.

Las personas necesitan sentir que hay razones, propósitos, objetivos. Si eres el gerente de una empresa o el dueño de un comercio, satisfacer esa necesidad constituye un elemento crucial de tu liderazgo. No importa lo que los demás digan o piensen: nadie trabaja solamente por dinero, al menos no por mucho tiempo. Si ayudamos a que los demás cumplan sus propósitos y sus objetivos, lograremos lo mismo con los nuestros.

Reconocer al otro

Finalmente, las personas necesitan sentirse reconocidas. Como personas seguras de sí mismas y con cierto prestigio, estamos en una posición ideal para transmitir a otros una sensación de reconocimiento e importancia. Esto puede hacerse de muchas formas. Por ejemplo, identificando a alguien para elogiarlo frente al grupo. O llevándolo aparte para agradecerle por un trabajo bien hecho. Cuando aplicamos estas cinco habilidades sociales en nuestra vida personal y profesional, irradiamos poder y, al reflejarnos en él, brillamos.

La clave está, una vez más, en el principio 17 de Dale Carnegie: "Intente, sinceramente, ver las cosas desde el punto de vista del otro". Hacer lo que haga falta para tomar conciencia de la otra persona y enfocarnos en ella. No en nosotros.

El 1 de febrero de 2003, Jonathan Vehar estaba dando una charla para doscientos cincuenta decanos de institutos universitarios de negocios de todo Estados Unidos. Durante el descanso, comenzaron a llegar noticias de que el trasbordador espacial *Columbia* había estallado al reingresar en la atmósfera terrestre. Los organizadores del congreso se plantearon qué hacer, con opciones que iban desde cancelar el encuentro hasta sugerirle a Jonathan que no dijera nada y continuara con la presentación. Finalmente, decidieron no cancelar. Cuando retomaron, después del descanso, Jonathan le contó a la audiencia lo que había ocurrido y lo que se sabía de la situación. Luego, pidió un momento de silencio, una sensación que, según él, nunca olvidará. Se les sugirió a los presentes que hicieran lo que debieran hacer para sentirse bien y se les dijo que, de ser necesario, podían abandonar la reunión. Nadie se fue; respiraron hondo, y la presentación continuó. Jonathan se había puesto en el lugar de la audiencia al recordar lo devastado que él mismo se había sentido con la explosión de otro trasbordador, el *Challenger*, diecisiete años atrás. Optó por brindarles información y otorgarles el poder de decidir si querían permanecer o irse, de acuerdo con sus necesidades. La audiencia apreció la actitud de poner la información y la decisión en sus manos; había sido una muestra de empatía y confianza en la capacidad de la audiencia de hacer lo que ellos consideraran necesario.

En este capítulo, hablamos de cómo generar empatía mutua con nuestra audiencia. Empatía y credibilidad son la fórmula que nos hace creíbles como oradores.

En la Parte III, ahondaremos en cómo llevar a cabo la presentación.

Pensamientos de una maestra: Rebecca Collier, *instructora calificada internacional*

Si pudiera darle un consejo a alguien que desea mejorar como orador, ¿cuál sería?

Mi consejo sería que controle su ego y piense solamente en quiénes son sus oyentes. Gran parte de mi trabajo consiste en ayudar a las personas a superar el miedo a hablar en público, pero también consiste en ayudarlas a superar su necesidad de actuar y crear un personaje.

Lo importante no eres tú, sino con quién te estás comunicando. Nos concentramos demasiado en nosotros mismos. "¿Cómo me veo?". "¿Cómo suena lo que digo?". En vez de eso, preocúpate por conocer bien a tu audiencia y a tu tema. ¿A qué se resisten? ¿Ante qué se muestran escépticos? ¿Cuál es el mensaje central de la charla? Enfoca la presentación desde esa perspectiva.

Del mismísimo Dale Carnegie

En toda situación de habla existen tres factores: el orador, el mensaje (o la charla) y la audiencia. Las primeras dos partes del libro estuvieron dedicadas a la interrelación entre el orador y el mensaje. Hasta ahora no se incluyó la situación de habla. Eso recién tendrá lugar cuando el orador se dirija a una audiencia de carne y hueso. La charla puede estar bien preparada; puede centrarse en un tema que al orador lo apasione. Pero para que el éxito sea completo, otro factor debe entrar en juego. Debe hacer que sus oyentes sientan que lo que él diga será importante para ellos. No basta con que al orador le entusiasme el tema: el orador debe sentir ansias de transmitir ese entusiasmo a sus oyentes. En la historia de la elocuencia, todo orador relevante poseyó esa cualidad inconfundible de vendedor, evangelizador, llámenlo como quieran. Un orador eficaz honestamente anhela que sus oyentes sientan lo que él siente, que concuerden con su punto de vista, que hagan lo que él cree que deben hacer y que disfruten y revivan la experiencia junto con él. Es un orador enfocado en la audiencia y no en sí mismo. Sabe que él no decide el éxito o el fracaso de su charla: eso se decidirá en la mente y en los corazones de sus oyentes.

PARTE III

La presentación

Durante años hubo quienes se resistieron a leer *Cómo ganar amigos e influir sobre las personas*. A pesar de no haber leído el libro, creían que lo que proponía era manipulador y más cercano a "Cómo hacer que los demás hagan lo que yo quiero que hagan".

Pero cuando sí leyeron el libro, descubrieron cuál era la verdad. El tema no era cómo forzar a los demás a cumplir nuestras órdenes, sino cómo convertirnos en esa clase de persona que les cae bien a los otros y a la que todos quieren ayudar. ¿Y cómo se lograba eso? Interesándose en los demás y prestando atención a sus necesidades.

Lo mismo ocurre con la oratoria. El objetivo de este libro no es compartir contigo trucos y consejos que te permitan convencer a la audiencia de que hagan lo que tú deseas. El objetivo es que te conviertas en un orador que centra su atención en los oyentes y les transmite un mensaje que necesitan escuchar de un modo que marque una huella en ellos.

Como orador, tú eres el mensaje, pero lo importante no eres tú, sino la audiencia.

Hasta ahora, en *¡Habla! Cómo superar el miedo a hablar en público*, conversamos sobre lo que hay que hacer antes de siquiera poner un pie en el escenario. El resto del libro estará dedicado a la presentación de los mensajes. Eso incluye la creación de una primera impresión positiva, las competencias específicas para dar una presentación, la narración de historias eficaces y las técnicas para superar algunos problemas, como el pánico escénico.

7

Crear una primera impresión positiva

—Lo están esperando, señor Cahill —anunció la recepcionista al abrir las puertas dobles de vidrio.

Cuando se puso de pie para seguirla, Mark creyó que iba a vomitar. Se sintió mareado, y lo único que oía eran las dudas en su cabeza. "¿Qué te hace pensar que tienes algo interesante para decir? ¿Te acuerdas del discurso que diste en la secundaria? Literalmente, se te rieron en la cara".

—¿Señor Cahill? —La mujer seguía junto a la puerta y lo observaba expectante.

"Bueno, no puedo arrepentirme ahora", pensó Mark tragándose los nervios y dirigiéndose a la sala de conferencias donde el grupo de ejecutivos lo esperaba. "Acabemos con esto ya".

Mark atravesó las puertas de vidrio e ingresó en una sala de conferencias, donde había una mesa larga circundada por ejecutivos de primerísimo nivel, que jamás había visto en persona y cuyos nombres aparecían en los documentos corporativos, y sus subalternos. Aunque el corazón le latía con fuerza y estaba nervioso, sabía que estaba preparado para hacer la presentación. Había estado semanas planificando cada paso de la charla. Ahora, lo que debía hacer era dar lo mejor de sí y concentrarse en su audiencia.

Inhaló hondo, irguió la espalda y miró a los ojos a cada uno de los asistentes en la sala antes de hablar.

—De niño, mi abuelo me llevaba a pescar todos los domingos. Cuando estábamos allí, tranquilos, mirando cómo amanecía sobre el lago espejado, me decía: "Mark, pescar se parece mucho a…".

Un viejo dicho dice: "No hay una segunda oportunidad para causar una primera buena impresión". Solemos creer que la primera impresión está relacionada con lo primero que le decimos a la audiencia. En realidad, ellos empiezan a formarse una idea de nosotros desde que ponen un pie en la sala. Todo comienza con el armado del lugar. ¿Es un armado profesional o simplemente desplazaron algunas sillas a un costado para que habláramos? Lo segundo que la audiencia nota es la forma de presentarnos. ¿Nos presenta otra persona? En ese caso, ¿qué es lo que dice? Por último, prestan atención a nuestra apariencia. Pero no a nuestro atractivo, peinado o vestimenta. Prestan atención a la postura, a la expresión de la seguridad y la onda que transmitamos.

La manera de presentarnos

En muchos casos, aunque no en todos, el orador "es presentado" ante la audiencia. Cada vez que tengas la oportunidad, arma tu propia presentación, en especial si la va a leer otra persona. ¿Por qué? Porque así te asegurarás de incluir lo que creas relevante para la audiencia. Recuerda que todo lo que se diga de ti formará parte de las expectativas que esa audiencia tenga con respecto a la charla.

Algunos aspectos para tener en cuenta al armar tu presentación.

1. ¿Por qué te eligieron a ti? ¿Qué te convierte en un experto en la materia?
2. ¿Por qué ese tema? ¿Por qué le interesaría a la audiencia?
3. ¿Por qué esa audiencia? ¿Por qué el tema es relevante para esa audiencia en particular en ese momento en particular?

No malgastes palabras en cuestiones que no son relevantes para el tema de la charla. Podemos ser un repostero famoso que ganó muchos premios. Pero si estamos dando una charla acerca de la inclusión de granos en los alimentos para perros frente a un grupo de veterinarios, nuestra experiencia en la cocina no es relevante. ¡Sé conciso!

Resístete a la tentación de presentarte al abrir la charla. No hay nada más aburrido que comenzar con: "Hola, soy...". ¡Evita eso a toda costa! Como ya mencionamos en este libro, la apertura debe captar de inmediato la atención del que te escucha. Comenzar con tu nombre y tus antecedentes garantiza que eso no ocurrirá. Lo que deberías hacer es empezar por la apertura que hayas planificado y, luego, presentarte.

"Ustedes se estarán preguntando qué sé de esto...".

Otro aspecto para causar una primera buena impresión es el lenguaje corporal. Es un mensaje subconsciente que la audiencia recibe y que le indica cómo te sientes de estar ahí. El orador e instructor Blair Miller nos cuenta cuál es su postura corporal al iniciar una charla: la cabeza en alto, los hombros hacia atrás, la espalda derecha y una voz clara, fuerte y cálida. Aunque no estés preparado para mantenerte siempre erguido como un militar, esta impresión inicial es la que cuenta.

La bailarina de hula-hula

Brenda Wells, de Dale Carnegie en Orange County, California, cuenta una anécdota sobre cómo el lenguaje corporal puede beneficiar o perjudicar nuestra credibilidad... ¡antes de siquiera abrir la boca!

"Una mujer joven, que asistía a nuestros cursos, se puso de pie frente al resto del grupo. Su postura dejaba en claro que estaba nerviosa. ¡Sus piernas estaban prácticamente pegadas! Formaban una sola línea, de los tobillos a las rodillas. Le costaba mantener el equilibrio, lo que provocaba que se balanceara como una bailarina de hula-hula. Antes de que comenzara a hablar, me acerqué a ella y le di una palmadita en un hombro. ¡Y trastabilló hacia el otro lado! Entonces, le sugerí que separara las piernas unos veinte centímetros. Lo hizo y volví a darle una palmadita en el hombro. No se movió.

"Aunque parezca un detalle menor, es una metáfora visual muy contundente. Ahora, en esa posición, transmitía mucha más fuerza. Decía 'Me mantengo firme', literal y simbólicamente. 'No pierdo el equilibrio'. Que la audiencia modifique la primera impresión que se creó de ti lleva tiempo, y eso, sin duda, afecta tu credibilidad".

Sé congruente con tu mensaje

Rebecca Collier, instructora calificada internacional de Dale Carnegie, cuenta un ejemplo clarísimo sobre la necesidad de transmitir a la audiencia un mensaje congruente.

"Conocí a Ray, una de las personas más entrañables a las que capacité, en una rehabilitación vocacional. Ray había perdido un brazo y estaba trabajando para recuperar la confianza en sí mismo. Una vez, cuando estaba dando una presentación, notamos que se sentía incómodo y que no miraba a nadie a los ojos. Todo el tiempo se frotaba el lugar que había ocupado el brazo.

"Tuvimos una conversación específicamente sobre ese tema.

"—¿Qué te pasa? —le pregunté.

"—Me siento fuera de lugar —respondió, mirándose los pies.

"Mi corazón se hinchó de empatía.

"—No estás para nada fuera de lugar —le aseguré—. Solamente necesitas conectar con los demás. Si confías en mí, háblame solo a mí.

"Una técnica que aplicamos en las capacitaciones es reducir la distancia física entre el instructor y la persona que da la presentación. Cuando comenzó a hablarme exclusivamente a mí, dejó de frotarse el hombro. Su voz se volvió más fuerte, y su postura, más segura. Luego, empecé a alejarme hacia atrás para desaparecer y que Ray le hablara al grupo. Hay veces que, cuando nos ponemos de pie para dar una charla, sentimos que algo falta, que no tenemos nada importante para decir. Todos somos capaces de compensar esa sensación de vacío si asumimos el riesgo. Finalmente, la sonrisa de Ray fue de triunfo, de confianza, de alivio, y su charla sirvió para demostrarse algo a sí mismo".

El contacto visual es clave

Los oradores eficaces saben cómo aprovechar el estímulo visual para reforzar lo que tienen para decir. Por lo tanto, que el contacto con los oyentes no sea solo a través de sus oídos. El contacto visual es otra forma crucial de conectar. Cuando damos una presentación, son nuestros ojos los que convocan a los oyentes. Del mismo modo, la manera más infalible de quebrar el lazo entre nosotros y nuestra audiencia es no mirarla a los ojos. No olvidemos que la audiencia tiene su mirada puesta en nosotros. Es más, tiene la mirada puesta en nuestros ojos. Debemos tener esto en cuenta para conectar con ellos.

La vestimenta

Cada detalle de nuestra vestimenta debería ser el resultado de una decisión consciente de nuestra parte. Al final de la charla, quizás algunos no recuerden lo que dijimos, pero todos se habrán fijado en los zapatos o si el nudo de la corbata estaba torcido. Por lo tanto, debes cerciorarte de que todo esté limpio y te quede bien. No uses joyas demasiado brillantes ni que hagan ruido al moverte o gesticular. En especial, vístete de un estilo y un nivel acordes a lo que use tu audiencia. Al igual que con el contacto visual, sorprende con qué frecuencia no se tiene en cuenta este principio táctico fundamental. Así que, cuando preparemos la charla, dediquemos un momento a probarnos frente a un espejo de cuerpo entero lo que pensamos usar. Es una oportunidad de sentirnos orgullosos de nuestra apariencia. Y también de evitarnos un papelón. Después de dar una presentación en Brasil frente a un grupo de gerentes, uno de los asistentes se acercó a Cam Robertson y le dijo: "Cuando vi sus zapatos tan bien lustrados, supe que era de fiar". Cam también recuerda la vez que comenzó una presentación con el cierre del pantalón abierto porque había salido apurado del baño. Los detalles importan.

La forma de moverse

La forma en la que nos movemos frente a la audiencia —o que nos movemos en general— debería ser una elección consciente y comenzar a partir del momento en que nos presentan. Deberíamos caminar con energía, determinación, confianza y aplomo hasta el lugar desde donde vamos a hablar. Deberíamos sonreír con franqueza o, al menos, exhibir una expresión de placer. Aunque estemos aterrados, necesitamos respirar hondo y relajarnos.

Al principio, no mires a la audiencia, sino a quien acaba de presentarte; saluda a esa persona con un apretón de manos y unas palabras de agradecimiento. Luego, haz una pausa, acomoda tus notas (si es que las tienes) y, por último, levanta la mirada hacia el público. Piensa en el lugar detrás del atril como tu posición principal. Después identifica otras dos posiciones alternativas. A medida que la charla avance, desplázate por esos tres lugares. Y solo por esos tres espacios. Lo que guíe los movimientos debe ser el contenido del material y no el deseo de estirar las piernas. Al igual que cuando consultamos las notas, que nos traslademos de un lugar a otro les da a los oyentes la oportunidad de incorporar lo que acabamos de decir, o brinda una infusión de energía a lo que vamos a decir a continuación.

Tres consejos para crear una primera impresión fantástica

1. No limites tu meta a que la charla sea interesante: intenta que sea la charla más interesante que la audiencia haya escuchado

jamás. No es tan difícil. Lo único que debes hacer es elegir un tema que ellos encuentren especialmente fascinante. (Una pista: ese tema son ellos mismos).

2. Expresa un agradecimiento genuino y sincero por tener la oportunidad de hablarles.
3. Zanja de inmediato la brecha entre tú y la audiencia. Cuanto antes, quizá con las primeras palabras que salen de tu boca, señala algo que te relacione directamente con el grupo al que te estás dirigiendo.

Mi esposa quiso saber qué me ocurría

Tina Graziotto, vicepresidenta de instrucción y manejo de programas en el área de Capacitaciones de Dale Carnegie en Pennsylvania central y occidental, cuenta por qué vernos como los demás nos ven puede marcar la diferencia.

"Este hombre era el vicepresidente de una empresa internacional que producía acero y que contaba con más de mil empleados. Era el típico hombre de mediana edad: una figura muy imponente, que resultó intimidante cuando llegó al programa. Después de ese primer día, mi consejo fue que se divirtiera y no se preocupara tanto. 'Diviértase y sonría', le dije.

"En el segundo encuentro, me dijo: 'Mi esposa quiso saber qué me ocurría. Se dio cuenta de que algo había cambiado y de que tú me habías aconsejado sonreír más. Me recriminó que hacía más de treinta años que ella me decía lo mismo'. Lo importante es que este hombre logró darse cuenta de cómo los demás lo habían visto hasta ese momento: como alguien absolutamente inabordable. Aprendió mucho más que a dar una presentación. Aprendió sobre su liderazgo. Su aspecto lo volvía inabordable e intimidante. Al cambiar la expresión de su cara, eso también cambió".

Pensamientos de una maestra: Nancy Covert, *presidenta del área de Capacitaciones de Dale Carnegie en Birmingham y Huntsville, Alabama*

Si pudiera darle un consejo a alguien que desea mejorar como orador, ¿cuál sería?

Una de las enseñanzas más importantes que les dejamos a los que asisten al curso de presentaciones con alto impacto todas las semanas es que deben tener la actitud y la mentalidad correctas. No pueden subirse a un escenario pensando: "Odio hablar en público. Voy a quedar como un idiota".

Di cosas positivas en voz alta para lograr una mentalidad positiva. El mensaje se transmite cuando la persona deja de pensar en sí misma.

A mi querida colega Pam Wilkes se le ocurrió una manera fantástica de ilustrar este concepto y dibujó una nuez. "Noes" acerca de ti...

Del mismísimo Dale Carnegie

NUNCA MEMORICE UNA CHARLA PALABRA POR PALABRA.

Cuando digo que prepare su charla a la perfección, ¿le estoy sugiriendo que se la aprenda de memoria? La respuesta para esta pregunta es un NO rotundo. En sus intentos de proteger su ego de los peligros de que se les ponga la mente en blanco frente a la audiencia, muchos oradores caen de lleno en la trampa de la memorización. Una vez víctima de esta clase de adicción mental, el orador queda irremediablemente preso de un método de preparación que consume su tiempo y destruye su eficacia en el escenario.

Si la memorizamos palabra por palabra, posiblemente la olvidemos frente a los oyentes. Y, si no la olvidamos, la repetiremos en forma mecánica. ¿Por qué? Porque la charla no provendrá de nuestro corazón, sino de nuestra memoria. Cuando conversamos con alguien en privado, pensamos en lo que queremos decir y lo decimos sin pensar en las palabras. Es lo que hicimos toda la vida. ¿Para qué cambiarlo ahora?

Escuché a miles y miles de hombres y mujeres intentando dar charlas que habían aprendido de memoria, pero todos y todas habrían resultado más vívidos, más eficaces, si hubieran arrojado esa charla memorizada a la basura. De haberlo hecho, quizá se habrían olvidado algunos puntos. Quizás habrían balbuceado. Pero al menos habrían sonado más humanos.

8

Competencias específicas para dar una presentación

Mark Cahill sintió que su apertura había salido bien. Todos en la sala le estaban prestando atención y se habían reído en el momento preciso cuando contó la anécdota con su abuelo. Había preparado un PowerPoint y estaba a punto de pulsar el botón para dar inicio a la presentación. La había ensayado muchísimas veces en su casa; pero esta vez, era de verdad. "No leas de las diapositivas", se dijo. "Sabes de lo que estás hablando. Simplemente conversa sobre el tema".

—¿Cuántos de ustedes conocen este aparato del que vamos a hablar hoy? Levanten la mano los que lo hayan visto alguna vez.

Cuando pensamos en consejos para hablar en público, las ideas que veremos en este capítulo son generalmente lo primero que se nos viene a la mente. Todos los libros y cursos de oratoria incluyen contenido relacionado con las destrezas para la comunicación oral, el lenguaje corporal y cómo aprovechar los recursos visuales.

Sin embargo, como ya habrán descubierto, nuestro enfoque es un poco más profundo. Pregonamos la importancia de ser auténticos en nuestras comunicaciones. Los consejos y las estrategias en este libro no tienen como objetivo convertirnos en oradores fantásticos, sino en incrementar nuestra eficacia en la transmisión de los mensajes. Repetimos: lo central no eres TÚ ni lo bien que hablas en público. Lo central es el oyente y lo sencillo que le resulte interpretar tus ideas. Esa es la diferencia entre un orador que resulta creíble y otro que no.

Competencias verbales

La competencia verbal se relaciona con cómo usamos la voz y las palabras para comunicar ideas. A menudo, no somos conscientes del efecto que causamos en los demás al hablar. Ciertos detalles como el volumen y la modulación de la voz o el énfasis que apliquemos a determinadas palabras pueden influir en el sentido y en la interpretación de lo que digamos.

Modulación de la voz

Practica diciendo las siguientes oraciones en voz alta, haciendo hincapié en las palabras en negritas. Advierte el cambio en el significado.

1. Las cerezas en una Coca-Cola Cherry **nunca** son demasiadas.
2. Las **cerezas** en una Coca-Cola Cherry nunca son demasiadas.
3. Las cerezas **en una Coca-Cola Cherry** nunca son demasiadas.

La primera oración da a entender que, más allá de la cantidad que se agregue a la mezcla, las cerezas nunca van a arruinar el sabor del refresco. La segunda implica que, en ese refresco, las cerezas resultan deliciosas (pero no las coles de Bruselas, por ejemplo); y la última, que las cerezas combinan bien con la Coca Cola, aunque quizá no ocurra lo mismo con otra bebida o refresco.

Tono

Variar el tono de voz también transmite significado. Por ejemplo, di la siguiente oración con un tono aniñado (como si le hablaras a un bebé o a una mascota), con tu tono normal y con un tono grave.

"Ven aquí".

Si la dices con un tono aniñado, la oración parecerá un pedido. Si la dices con un tono grave, se asemejará más a una orden o a una amenaza.

Volumen

La intensidad con la que hablemos puede corresponder a un patrón inconsciente de la voz o a un recurso para crear tensión dramática o expresar un estado de ánimo. Hablar en voz particularmente alta o baja ayuda a recuperar la atención de los oyentes cuando comienzan a aburrirse. Un cambio en el volumen de la voz vuelve a fijar la atención en el orador; por ejemplo, al disminuirlo, los oyentes se verán obligados a hacer un esfuerzo mayor para escuchar. Es una táctica para que vuelvan a enfocarse en ti. Pero úsala solo ocasionalmente.

Habla en voz alta

Andreas Iffland, instructor calificado de Dale Carnegie en Alemania, cuenta una anécdota sobre esto.

"Un director de una empresa internacional participó de una de nuestras sesiones de capacitación. El presidente de la empresa también se hallaba en la sala, y el director se sentía nervioso. Era ingeniero técnico; su presentación se basaba principalmente en datos y, al presentar frente al grupo, lo hizo en voz muy baja. Le indiqué varias veces que elevara la voz. Entonces, me respondió en voz muy alta: '¿QUIERE QUE GRITE?', a lo que yo le respondí, también en voz alta: '¡SÍ!'. Y, si bien no dio la presentación a los gritos, dejó de ser ese ingeniero que hablaba bajito para empezar a transmitir confianza. Al final, lo ovacionaron de pie. Fue fantástico".

Si no nos esforzamos por salir de nuestra zona de confort cuando ensayamos, es ahí justamente donde nos refugiaremos durante la presentación. Y, desde ese lugar, no somos tan eficaces como oradores.

Velocidad

Se pueden lograr efectos muy diferentes si variamos la velocidad con la que pronunciamos las palabras. Di "treinta millones de dólares" muy rápido, como si se tratara de una suma insignificante.

Luego, di lo mismo, extendiendo cada sílaba al máximo. Ahora sí da la impresión de que es mucho dinero. Al aumentar el tiempo que dedicamos a decir la frase, parece que la suma también aumenta. Sin embargo, las palabras son exactamente las mismas.

"Parecía que hablaba otro idioma"

Tina Graziotto, vicepresidenta de instrucción y manejo de programas en el área de Capacitaciones de Dale Carnegie en Pennsylvania central y occidental, cuenta una anécdota sobre la eficacia que puede lograrse al variar la velocidad con la que hablamos.

"En una época, trabajé con un gerente de proyectos en tecnología de la información de una compañía de seguros regional; esta persona había nacido en India, y el inglés era su segunda lengua. Hablaba rápido y con los dientes apretados, lo que dificultaba que los demás lo entendieran. Durante la capacitación, le enseñé a abrir más la boca, a completar las palabras y a expresarlas con claridad. Cuando lo logró, se volvió más creíble. Antes, las personas no estaban seguras de lo que decía, y eso afectaba su credibilidad. Su transformación fue radical. Ahora parecía que hablaba otro idioma, y su credibilidad aumentó considerablemente".

Salir del "modo presentación"

En otro ejemplo, Rebecca Collier, instructora calificada internacional de Dale Carnegie, habla del riesgo de estar siempre en "modo presentación".

"Una joven, Katie, tenía mucha experiencia como actriz y, durante la capacitación, cada vez que hablaba frente al público, lo hacía como actriz. Pero resultaba artificial. Brindaba mucha información, pero no lograba cautivar al público por la forma en la que la transmitía. Le propuse entonces que confiara y se atreviera a revelar su verdadero ser. No estaba muy entusiasmada con la idea, pero la animé para que lo intentara y viera cuál era la reacción al cambiar de actitud. 'Déjanos conocerte, Katie'. Hizo una pausa. Se reformuló. Su lenguaje corporal se relajó frente al grupo. De repente, se convirtió en alguien que generaba empatía, en alguien transparente, honesta y vulnerable. Entendió que no tenía nada de malo mostrarse vulnerable en una charla.

"Esto ocurrió hace más de veinte años y todavía seguimos en contacto. Katie internalizó el mensaje, y eso cambió su manera de interactuar con los demás.

"A menudo, reflexionamos sobre esto y entendemos que no debemos hacerlo; pero, al ponernos de pie, lo olvidamos. Adoptamos un personaje diferente al hablar frente al público. No lo hagan. Eso enmascara las inseguridades".

Lenguaje no verbal

La aerolínea Southwest Airlines brindó uno de los mejores ejemplos de cómo la comunicación no verbal puede captar la atención de la audiencia. Robert Korp, director del área de Calidad de las Capacitaciones de Dale Carnegie, recuerda un video que se hizo viral hace unos años.

"¿Recuerdan ese video que grabó una pasajera de Southwest Airlines en la que un tripulante de a bordo dio las instrucciones de seguridad en una forma atrapante y divertida? Bueno, el director ejecutivo de la aerolínea le pidió a ese mismo tripulante… ¡que diera el informe financiero a los accionistas! Ese hombre sí sabía cómo transmitir con pasión y encanto algo que podía resultar aburrido. Sabía cómo levantar el ánimo y motivar a los demás".

No se preocupen solamente porque las palabras expresen su verdadero ser; el lenguaje no verbal también debería demostrar pasión, entusiasmo o lo que ocurra en lo que estemos contando. Si estamos narrando que cruzamos el salón de un restaurante para saludar a alguien, cruza el escenario con el brazo extendido como si fueras a estrecharle la mano a alguien. Si estamos describiendo una maquinaria grande, indiquemos su tamaño con las manos.

Postura

Brenda Wells, de Dale Carnegie en Orange County, California, cuenta una anécdota sobre cómo la postura puede influir en la forma en la que la audiencia nos perciba.

"En una de nuestras clases, participó un marine retirado. Se paraba de pie, con las manos cruzadas en la espalda. Era la postura clásica del guerrero contenido. Ponía los pies paralelos y muy separados entre sí; creía que así transmitía el mensaje de 'Soy fuerte y estoy al mando'. Sonreía, pero su lenguaje corporal decía: 'No te me acerques; no es seguro'. ¡Esa no era, de ninguna manera, la imagen que él quería proyectar!

"Entonces, le propusimos que apoyara el peso del cuerpo en una sola pierna y metiera una mano en el bolsillo. Con este cambio menor, inmediatamente generó más empatía y se volvió accesible".

Sonríe y el mundo te sonreirá

Andreas Iffland, instructor calificado de Dale Carnegie en Alemania, cuenta una historia contundente de cómo una sonrisa puede cambiar todo.

"El director general de una empresa suiza estaba dando una presentación, y yo lo observaba mediante un video desde otra sala. 'Este hombre necesita sonreír más', pensé. Me dirigí hacia donde estaba el hombre y le pedí que sonriera.

"—Estoy sonriendo —respondió.

"—No, no está sonriendo —lo corregí. Creía que estaba sonriendo, pero no era así—. ¿Por qué podría no estar sonriendo?

"—Quizá porque tengo una visión negativa del mundo. Me gustaría que mañana sigamos trabajando sobre eso —dijo.

"Cuando cambias la visión del mundo, cambias la forma en la que presentas. Al día siguiente, ¡no era la misma persona! Este director general no solo se capacitó, sino que pudo evolucionar en lo personal".

El principio 5 de *Cómo ganar amigos e influir sobre las personas*, en la categoría *Sea una persona más amable*, es muy simple: "Sonría".

Gráficos y recursos visuales

Es una buena idea transmitir lo que buscamos a través de recursos visuales. El PowerPoint se ha convertido en el método convencional; pero, si no saben cómo usarlo bien, opten por un rotafolio. Muchos oyentes dejarán de prestar atención ante la posibilidad de ver otro PowerPoint, ya que la mayoría no están bien hechos. En la actualidad, más de cuatrocientos millones de computadoras de escritorio tienen descargado ese programa. Por lo tanto, si quieren destacarse, no sean como los demás. Las diapositivas pueden servir para resaltar y enfatizar puntos clave, pero no podemos depositar en ellas la dinámica ni el guion de la presentación.

Existen casos de instructores a los que la computadora se les rompió o se la robaron antes de una presentación, que tuvieron algún problema técnico mientras estaban hablando o que estaban exponiendo cuando toda la ciudad se quedó sin luz. Esos instructores continuaron como si nada porque no dependían de las diapositivas. Es más, una vendedora completó su charla un día de lluvia en un estacionamiento, porque la alarma de incendios había sonado durante su presentación. ¡Y logró esa venta!

Ventajas y desventajas de las viñetas

Elaborar una presentación con conceptos organizados por viñetas es difícil. Lo aconsejable sería redactar lo que deseamos decir. Si volcamos nuestras ideas formalmente en un texto escrito, nos resultará más rápido y más sencillo armar la presentación.

Para que una presentación resulte atractiva, debe fluir; de todas maneras, no es factible determinar cuál es la mejor narrativa hasta que se hayan acomodado todas las partes. Hasta los autores más vendidos necesitan reorganizar varias veces su material antes de establecer el flujo. Por lo tanto, después de armar un primer borrador y haber practicado una vez, modifica el orden de los contenidos hasta que el flujo resulte natural y la presentación transmita una historia atrayente. Si los puntos principales de la presentación están respaldados por un contenido persuasivo, como estadísticas, citas de expertos y testimonios de clientes, es probable que se genere una respuesta positiva.

Para bien o para mal, las viñetas tienden a ser el formato dominante en PowerPoint. La ventaja es que refrenan el entusiasmo excesivo de algunos oradores de incluir hasta el último detalle y diseñar diapositivas repletas de palabras. Las listas con viñetas ofrecen un resumen del mensaje y los que nos escuchan pueden leerlas sin ninguna dificultad. Nuestra regla indica no escribir más de seis palabras por viñeta y no incluir más de seis viñetas por diapositiva.

De ser necesario, podemos explayarnos en forma oral sobre algunos puntos; esto lo determinarán al "leer" a la audiencia. Para asegurarte de que los oyentes absorban lo que dicen las viñetas, ten en cuenta de que deben contener información valiosa y no limitarse a eslóganes o terminología típica de la industria en cuestión. Reserva parte de la información para explicarla oralmente; eso hará que la audiencia nos escuche y evitará al mínimo la cantidad de diapositivas con exceso de texto.

Por otra parte, el contenido que ofrezcamos debería ser inolvidable y significativo para la audiencia o posible cliente. Recuerda que las imágenes se captan más rápido que las palabras. Cada vez que sea posible, ilustra lo que quieras decir con un gráfico o una imagen, y asegúrate de elegir recursos visuales que ayuden a profundizar la comprensión de los oyentes. Por ejemplo, si queremos transmitir la idea de que algo tiene "un alto rendimiento", la imagen de una Ferrari lo lograría de inmediato.

Incluye una cantidad reducida de frases clave que expresen el mensaje en la menor cantidad posible de palabras. Esas frases deberían contener solamente información esencial. Define los puntos centrales del mensaje y usa las frases para referirte a ellos sistemáticamente a lo largo de la presentación. Simplifica y reduce la cantidad de palabras al máximo.

Evita las fuentes rebuscadas. Opta por otras que resulten fáciles y cómodas de leer, como la Helvética o la Arial. A lo sumo, usa dos fuentes distintas. Elige un tamaño grande para que las personas en el fondo de la sala puedan leer con claridad lo que dice en la pantalla.

Que el color del texto contraste con el del fondo. Las diapositivas con fondo claro y letras oscuras funcionan mejor en un lugar iluminado; las diapositivas con fondo oscuro y letras claras funcionan mejor en la penumbra. Los fondos que no son lisos afectan la legibilidad del texto. No cambies la gama de colores durante la presentación.

Quizá no podamos hacer una prueba en la sala antes de la presentación; pero sí podemos ubicarnos en el fondo y corroborar si leemos claramente las diapositivas.

Usa plantillas con discreción y para lograr efectos contundentes. Selecciona plantillas que se adecuen al contenido. Con presentaciones ante clientes, es preferible usar diseños simples y directos. Limita el número de diapositivas. No agregues demasiadas para evitar que la presentación resulte muy extensa y para no lidiar con el problema de tener que cambiar continuamente las diapositivas durante la presentación. Una diapositiva por minuto es un buen promedio, a menos que esté muy cargada de tablas, gráficos o texto. Al practicar, nos daremos cuenta de cuántas diapositivas podemos incluir, de acuerdo con el tiempo asignado. No seas ese orador que pasa veinte diapositivas como un rayo en el último minuto porque nunca ensayó.

Incrustar fotos, tablas, gráficos e, incluso, videos digitalizados, le otorgará variedad a la presentación y mantendrá a la audiencia interesada. No recurras solamente al texto. Ni tampoco abuses de las animaciones ni de las transiciones simpáticas; podrías distraer a la audiencia de lo que estás diciendo. No incluyas nada en las diapositivas que no esté específicamente relacionado con el mensaje. Una transición que atraviesa rápidamente la pantalla puede servir para transmitir la idea de que la situación está avanzando a mucha velocidad. Si no, ¿por qué otra razón haríamos que las diapositivas se deslicen ante los ojos de la audiencia a la velocidad de la luz? "Porque puedo hacerlo" no es una buena respuesta.

No hay duda de que usar recursos visuales en una presentación es una buena idea. ¡Es verdad que una imagen vale más que mil palabras! Refuerza las ideas centrales con una imagen cada vez que sea posible. Una idea por imagen. Haz que tu presentación sea interesante, significativa y convincente, y lleva un registro constante de las reacciones de los oyentes. No temas hacerles preguntas, por ejemplo: "¿Entiende por qué (esto) provocaría una mejora?" o "¿En qué ayudaría (esto)?". Las presentaciones interactivas estimulan el interés y la participación de la audiencia.

Los recursos visuales logran un depósito de medio millón

Paul Siregar, director general de Dale Carnegie, Indonesia, cuenta una historia de cómo una gerenta de sucursal muy atenta empleó recursos visuales en la presentación para un cliente.

"La gerenta de una sucursal de un banco europeo en Indonesia me contó que el día anterior, cuando estaba en su oficina, uno de los gerentes de cuentas se acercó para pedirle ayuda. Unos clientes, una madre y su hijo, querían hacer un depósito pero no sabían qué opción les daría más ganancia. Este gerente les sugirió un fondo de inversión. Los clientes no estaban seguros, y el gerente de cuentas no sabía cómo persuadirlos, así que le pidió ayuda a la gerenta de la sucursal. Dio la casualidad de que, el día anterior, la gerenta había estado ensayando cómo explicar el concepto de fondos de inversión mediante analogías con objetos cotidianos para una sesión de presentaciones con alto impacto; todavía tenía esos objetos en el auto. Entonces, fue hasta el auto, tomó los objetos, los llevó a la sala de conferencias y procedió a explicar a los clientes qué eran los fondos de inversión usando las analogías que había practicado. Los clientes quedaron tan convencidos que invirtieron medio millón de dólares".

Diapositivas y algo más

Las diapositivas de PowerPoint son una manera de transmitir información. Sin embargo, hay otros recursos que provocan el mismo impacto... ¡o uno mayor! Las tablas a continuación explican las ventajas y las desventajas de los distintos recursos visuales que podemos usar en nuestras presentaciones.

VIDEOS

Ventajas	Desventajas
• Tienen Imagen, aspecto y calidad profesional. • Pueden utilizarse con distintos tipos de audiencia. • No se necesita un facilitador para esta parte de la presentación. • Son fáciles de almacenar.	• Son costosos para producir. • La participación de la audiencia es escasa o nula. • Se trata de una presentación impersonal. • Compiten con la persona que da la presentación. • El equipamiento puede ser costoso o difícil de conseguir.

OBJETOS O MODELOS

Ventajas	Desventajas
• Son fáciles de entender. • Pueden resultar atrayentes a la vista. • Pueden ser creativos. • Centran la atención en el tema. • Funcionan bien con las personas que aprenden por medio de la imagen o el movimiento.	• Es difícil mantenerlos actualizados. • Son costosos. • No siempre es fácil que toda la audiencia pueda verlos con claridad. • Distraen del mensaje. • Pueden competir con la persona que da la presentación. • No siempre aceptan modificaciones.

MATERIALES IMPRESOS

Ventajas	Desventajas
• Reducen la necesidad de tomar notas. • Permiten que la información importante, de algún modo, permanezca presente. • Aseguran que la información se reciba de la manera correcta.	• A veces incentivan preguntas prematuras. • Es difícil transportarlos. • Si son de mala calidad, afectan la imagen de la persona que da la presentación. • Pueden competir con la persona que da la presentación.

GRÁFICOS MURALES

Ventajas	Desventajas
• Pueden resultar atractivos. • Influyen en el entorno de la sala. • Ofrecen siempre el mismo mensaje. • Resultan resúmenes eficaces. • Refuerzan el mensaje. • Mantienen a la audiencia concentrada en el mensaje.	• Son difíciles de preservar cuando se los transporta. • No siempre conviene colgarlos. • Pueden arruinar la superficie de la pared. • No aceptan modificaciones. • La participación de la audiencia es pasiva.

AUDIOS

Ventajas	Desventajas
• Hacen la presentación más variada. • Pueden fortalecer la credibilidad de la persona que da la presentación. • Agregan valor. • Responden a la pregunta: "¿Quién lo dice, además de usted?". • Mantienen el interés de la audiencia.	• Carecen de elementos visuales. • No siempre funcionan bien con las personas que aprenden por medio de recursos visuales. • La persona que da la presentación queda al margen. • Requieren de equipamiento adicional; la calidad es importante. • Pueden competir con la persona que da la presentación.

RECURSOS VISUALES ELECTRÓNICOS

Ventajas	Desventajas
• Tienen gran calidad y aspecto profesional. • Son creativos; funcionan bien con las personas que aprenden por medio de recursos visuales. • El equipamiento suele no ocasionar problemas. • Se puede controlar que la presentación resulte congruente. • Son fáciles de adaptar.	• Es necesario oscurecer la sala cuando se proyectan. • Pueden desplazar a la persona que da la presentación. • No siempre es fácil que toda la audiencia pueda verlos con claridad. • Requieren una computadora portátil, un proyector y una pantalla. • Para crearlos, se debe tener cierta experiencia.

PIZARRAS DIGITALES

Ventajas	Desventajas
• Pueden resultar muy atractivas. • Influyen en el entorno de la sala. • Ofrecen siempre el mismo mensaje. • Resultan resúmenes eficaces. • Refuerzan el mensaje. • Mantienen a la audiencia concentrada en el mensaje.	• Exigen una instalación técnica, con una computadora y cableado. • Una vez instaladas, son muy difíciles de mover. • Son relativamente costosas. • Pueden limitar la participación de la audiencia. • La escritura manuscrita debe ser clara y legible.

ROTAFOLIOS

Ventajas	Desventajas
• La persona que da la presentación mantiene el control. • Se crean con información que aporta la audiencia. • Se pueden trasladar. • Es factible utilizarlos con grupos reducidos. • No se rompen ni queman.	• Dependen del estilo y las habilidades de la persona que da la presentación. • La caligrafía, la redacción y la ortografía son importantes. • Resulta difícil hacer copias para todos. • Pueden utilizarse con grupos de hasta cuarenta personas. • No todos los soportes son fáciles para transportar. • Al escribir, la persona que da la presentación queda de espaldas a la audiencia.

PIZARRAS

Ventajas	Desventajas
• Lo que allí se escriba es espontáneo y permanece solo por un tiempo. • Ofrecen la misma información para todos. • La información está constantemente a la vista. • Mantienen a la audiencia concentrada en el mensaje.	• A veces, resulta difícil entender lo que se escribe. • No resulta cómodo copiar la información. • La persona que da la presentación quizás esté de espaldas a la audiencia durante demasiado tiempo. • Pueden utilizarse con grupos de hasta cuarenta personas. • La escritura puede consumir mucho tiempo.

Jonathan Vehar recuerda la vez que su padre, Robert, un profesor de secundaria ya retirado, lo llamó a punto de entrar en pánico. Robert se había enterado de que ya no contaría con un retroproyector para sus clases de educación comunitaria en el turno vespertino. "Supongo que tendré que comprar una computadora portátil y pasar las diapositivas en PowerPoint".

Ante la posibilidad de convertirse en el soporte técnico remoto de su padre, quien no era para nada hábil con las computadoras, Jonathan le preguntó cuántas eran las diapositivas. "Seis", respondió Robert. Entonces, Jonathan quiso saber cuántos estudiantes había en esa clase. "Es una clase de conversación; así que son seis como máximo". Jonathan le aconsejó que hiciera ampliaciones de las diapositivas y las montara sobre planchas de poliestireno expandido. "¿Es posible hacer eso?", le preguntó su padre. ¡No solo era posible, sino que lo hizo! Jonathan también le compró un estuche gigante para guardar las ampliaciones y movilizarse con ellas. Robert le contó que acomodó los pósters sobre el espacio para las tizas de la pizarra y que los estudiantes habían trabajado fantástico. Al elegir el recurso visual correcto, Robert ahorró el dinero que habría destinado a una computadora y el tiempo que habría dedicado a aprender una tecnología nueva; y Jonathan, la energía que le hubiera insumido brindarle asesoramiento técnico a su padre.

Materiales impresos

En un encuentro presencial, los materiales impresos son una forma de suplir el uso de recursos visuales. (Si el encuentro es virtual, estos materiales pueden enviarse de antemano). Entregar a los oyentes algo para que se lleven es ofrecerles una manera de tener los conceptos siempre presentes. Por lo general, el material impreso se reparte antes o durante la presentación para reforzar lo que se dice.

A continuación, algunos beneficios e inconvenientes de recurrir a materiales impresos; y también, algunos consejos para usarlos.

Beneficios

- Los oyentes se apropian de ese material, en especial cuando toman notas.
- Fortalecen la credibilidad de la persona que da la presentación.
- Funcionan bien con las personas que aprenden a través de la imagen o el movimiento.
- Permiten el agregado de contenido, referencias y recursos adicionales.
- Representan un recurso permanente y tangible para los participantes.

Inconvenientes

- Existe la posibilidad de tener problemas con la impresión, el envío y el transporte del material.
- No se sabe con seguridad la cantidad de copias que se requerirán.
- El material puede competir con la presentación.
- Los oyentes se adelantan en la lectura, se saltan páginas y tratan de identificar posibles incongruencias.

Consejos clave

- Averigua con anticipación si los asistentes esperan que se les entregue material impreso.
- Revisa la ortografía, la puntuación y la gramática.
- Decide cuál es el mejor momento para distribuir el material: antes, durante o después del encuentro.
- Anuncia tu intención de repartir materiales impresos.
- Pide que se ajuste la iluminación para que los asistentes puedan leer y escribir.
- Lo más fácil de producir son las miniaturas de los recursos visuales electrónicos.
- Imprime copias doble faz para demostrar tu preocupación por el medio ambiente.

- Envía los documentos en formato electrónico antes o después de la presentación.
- Si los asistentes desean contar con recursos visuales, pídeles que te envíen el pedido con anticipación por correo electrónico.
- Distribuye el material cuando quieras que los asistentes lean; no antes.
- Prepara el material con antelación teniendo en cuenta la cantidad necesaria para cada mesa o cada hilera de asientos; así la distribución será más ágil.

En este capítulo, analizamos algunas de las destrezas esenciales a la hora de dar una presentación. En el siguiente, ahondaremos en una de las herramientas más importantes… y olvidadas: la narración de historias.

Pensamientos de una maestra: Tina Graziotto, *vicepresidenta de instrucción y manejo de programas en el área de Capacitaciones de Dale Carnegie en Pennsylvania central y occidental*

Si pudiera darle un consejo a alguien que desea mejorar como orador, ¿cuál sería?

En primer lugar, debes tener en claro cuál es tu mensaje. De lo contrario, vas a fracasar. En segundo lugar, practica en voz alta lo que vayas a decir. Escucha las palabras. Una cosa es cómo suenen en tu cabeza y otra, cómo resonarán en el público.

Del mismísimo Dale Carnegie

Cuando utilice objetos, siga estas sugerencias y tendrá asegurada la atención total de la audiencia.

1. Mantenga el objeto oculto hasta el momento de usarlo.
2. Use objetos de un tamaño que resulte visible desde la última hilera de asientos. Su audiencia no podrá aprender nada de un objeto si no lo ve.
3. Nunca pida a la audiencia que se pase el objeto y lo examine mientras usted está hablando. ¿Para qué alimentar la competencia?
4. Cuando exhiba un objeto, manténgalo a una altura que los demás puedan verlo.
5. Recuerde: un objeto que se mueve es diez veces más valioso que otro estático. De ser posible, haga demostraciones usando el objeto.
6. No fije la vista en el objeto mientras habla; su objetivo es comunicarse con la audiencia, no con el objeto.
7. Cuando haya terminado con el objeto, quítelo de la vista de la audiencia de ser posible.
8. Si el objeto se presta al misterio, colóquelo, cubierto, en una mesa a su lado mientras habla. Haga referencias a ese objeto para generar curiosidad… pero no diga qué es. Cuando haya despertado verdadero interés, suspenso y curiosidad, ahí sí, quítele la cubierta.

Los recursos visuales son cada vez más relevantes en nuestro objetivo de ser claros. No existe mejor manera de asegurar que la audiencia entienda lo que usted tiene para decir que presentándose ante ella preparado no solo para decirles, sino también para mostrarles lo que tiene en mente.

9

Contar historias que impulsen a la acción

Era el momento del gran cierre. Mark Cahill había dado lo mejor de sí en la charla y lo sabía. Había investigado y se había preparado; había elaborado una apertura convincente; había demostrado cómo funcionaba la tecnología que estaba ofreciendo para que la audiencia la viera en acción. Lo único que restaba (además de una sección para preguntas al final) era un cierre contundente. Había comenzado con una anécdota, y su intención era retomar esa anécdota para ilustrar el valor de vender esa tecnología en el mundo entero.

"Hoy, más temprano, les conté la anécdota sobre mi abuelo. Si estuviera vivo, estaría muy sorprendido de ver esta tecnología. Sin embargo, él...".

Insertos entre los capítulos de este libro, hay ejemplos del efecto poderoso que la narración de historias auténticas puede tener en una presentación. Pero el arte de contar una historia con eficacia no se domina automáticamente. ¿Quién no escuchó a alguien que hizo el intento, infructuoso, de contar una anécdota? ¿Que pasó de una historia a otra sin ningún sentido aparente o que nunca llegó al grano?

Lo más importante de una historia

Cuando pensamos en una historia, podemos preguntarnos: "¿Qué es lo más importante? ¿El principio? ¿El final? ¿Si resultó graciosa o no?". Nada de eso. Lo más importante es lo que provoca en la audiencia.

"Cuando trate con personas, tenga en cuenta que no está tratando con seres lógicos. Está tratando con seres emotivos".
—Dale Carnegie

La poeta, escritora y cantante Maya Angelou dijo una vez: "Las personas no recuerdan lo que uno dijo; recuerdan lo que uno les hizo sentir". Esto significa que, cuando contamos una historia, nuestro deseo es convocar a la audiencia desde lo racional, pero también desde lo afectivo. Nos concentramos en el resultado final o en lo que queremos que hagan y, luego, por medio de una historia, les mostramos cómo hacerlo o cómo llegar a ese resultado.

La fórmula mágica

Dale Carnegie creó, y probó a lo largo del tiempo, la "Fórmula mágica", la estructura básica para establecer la credibilidad, captar la atención del público y motivarlo a actuar. ¡Esta fórmula te ayudará a preparar comunicaciones eficaces, que inspiren a la acción a los demás! La "Fórmula mágica" es:

Incidente + Acción + Beneficio

El *incidente* es el corazón de la historia: plantea el escenario, describe la acción y explica el contexto de lo que viene después. La *acción* es lo que queremos que los oyentes hagan, digan o piensen. El *beneficio* es el valor que los oyentes obtendrán cuando tomen las medidas que les sugerimos.

Abrir la charla con un incidente personal es una manera segura de captar favorablemente la atención del público cuando quieres transmitir un mensaje. Narra una experiencia personal, vívida, que sea relevante; eso es lo que atrapa a la audiencia y la dispone a la persuasión. Los oyentes acompañan porque se identifican con la situación y quieren saber qué va a ocurrir. No hace falta ninguna introducción: si comienzas directamente con el incidente, te resultará más fácil atrapar la atención del público. Como orador, puedes estar tranquilo de que ellos no olvidarán tus palabras ni tus ideas.

Usa hechos y evidencias. Los hechos, las evidencias, los ejemplos y las estadísticas respaldan la afirmación de la necesidad de cambio. Antes de explicar el mensaje, comienza con un hecho. A menudo, las mentes de las personas del público están llenas de preguntas: ¿por qué debería escuchar esto?, ¿por qué debería creerle?, ¿quién puede confirmar lo que esta persona dice? Las evidencias son una herramienta esencial para convencer a alguien de nuestro punto de vista; permiten que esa persona se forme una respuesta lógica y no solo emocional del asunto. Indica qué es lo que esos hechos y esas evidencias implican y qué es lo que crees. Recurre a ejemplos, testimonios y analogías de la vida real.

Ilustra la acción. Una persuasión eficaz requiere un mensaje simple. Narra la historia en orden cronológico e incluye detalles importantes y esclarecedores. Demuestra la necesidad de un cambio y recomienda una medida específica que los oyentes puedan tomar en esa situación.

Explica el beneficio. Conecta la medida específica con su beneficio. Cualquier historia o anécdota debe finalizar con el beneficio obtenido tras haber tomado la medida propuesta o tras haber resuelto el problema. Este enfoque optimiza los debates significativos y minimiza las confrontaciones emocionales.

Toda historia que cuentes debería respetar esta fórmula general con el fin de potenciar su efectividad.

La mayoría de las historias que se rigen por la "Fórmula mágica" duran entre dos y tres minutos. En tus presentaciones, sé conciso y elimina los detalles accesorios para transmitir el mensaje. En una historia de dos minutos, dedica un minuto y cincuenta segundos al incidente, cinco a la acción y cinco al beneficio.

Un ejemplo:

Incidente. En 1996, en mis inicios como instructor, mis evaluaciones recibían un puntaje inferior al esperado e incluían devoluciones conflictivas. Algunas personas decían que apreciaban mi sentido del humor, pero otras se quejaban de que fuera tan serio. ¿Cómo podía ser? Grabé una de mis clases con una cámara de video y me di cuenta de que, cuando pensaba lo que iba a decir (algo que hacía a menudo, ya que era nuevo como instructor y no dominaba el contenido), fruncía el entrecejo. Eso daba la impresión de que estaba enojado. Por lo tanto, aunque dijera algo gracioso, parecía que estaba de mal humor. ¡Con razón la gente estaba confundida! Una vez que descubrí eso y que lo corroboré con un instructor calificado, me esforcé por elevar las cejas al hablar y sonreír cada vez que hacía un comentario gracioso. ¡Guau! ¡Eso sí marcó una diferencia en mis evaluaciones! Mi calificación promedio aumentó considerablemente.

Acción. Por eso, cuando hables frente a un grupo, y, en especial, cuando digas algo gracioso, aplica el principio 5 de Dale Carnegie en *Cómo ganar amigos e influir sobre las personas* para confirmar que estás a gusto: ¡sonríe!

Beneficio. La audiencia disfrutará de tus presentaciones, y tus evaluaciones, inexorablemente, continuarán mejorando.

No repitas la historia: revívela

Dave Wright, director ejecutivo del área de Capacitaciones de Dale Carnegie en Houston, Austin y San Antonio, comparte el siguiente consejo para contar historias sin dejarse llevar por las emociones.

> "Es importante hallar el equilibrio justo entre la lógica y la emoción. Se parece a caminar por la orilla del mar. Si la historia se aleja mucho, resulta seca; pero si se adentra, la inunda la emo-

ción. Si la emoción cobra preponderancia, pregúntate: '¿Qué fue lo que hice después?' o '¿Qué fue lo que ocurrió después?'. Eso te ayudará a recuperar la racionalidad y compensar el exceso de emoción. Y si la historia no apela lo suficiente a los sentimientos, pregúntate: '¿Por qué lo que cuento es importante?'.

"Una vez, asesoré al vicepresidente de una empresa dedicada a la investigación y al desarrollo. Se había contactado conmigo por consejo de la junta directiva.

"—¿Cuál es su problema? —le pregunté.

"—Di una presentación y me sentí como el capitán Spock de *Viaje a las estrellas*. Insulso y apático. Es evidente que tengo que darle más vida a mi oratoria.

"Lo cierto era que este hombre estaba muy metido en su cabeza, pensando en él y en la presentación. Hicimos toda clase de ejercicios alocados e intensos para alejarlo de sus pensamientos. Le pedí que contara una anécdota como si fuera el maestro de ceremonias de un circo; luego revisamos el contenido de la anécdota y le pedí que la contara desde el corazón. Para ayudarlo, le pregunté: '¿Esto que está contando es importante para usted?'.

"Llamamos a varios pasantes para que practicara el relato con ellos. ¡Y quedaron conmovidos! La clave está en revivir la historia que se cuenta, no en repetirla. Si siente que el relato es auténtico, la audiencia estará de su parte".

Dave comparte otro consejo sabio acerca de la narración de anécdotas.

"Recurre a distintas modalidades y apela a las diferentes partes de la mente de los oyentes para evitar que se queden dormidos. Haz cambios en el ritmo. No utilices recursos visuales en exceso; por ejemplo, diapositivas. Una vez, un hombre me llamó una semana antes de que yo diera una charla para la organización sin fines de lucro para la que él trabajaba y me pidió si podía enviarle el archivo con las diapositivas con antelación. Cuando lo recibió y las proyectó, se empezó a reír. 'Solo son tres diapositivas, y una es una foto'. Era cierto. Si practicas lo suficiente, el relato fluye naturalmente".

Habla como si estuvieras con tus amigos

Robert Korp, director del área de Calidad de las Capacitaciones de Dale Carnegie, cuenta una anécdota de una persona a la que él estaba asesorando y que modificó su forma de hablar para ser más eficaz.

"Un empleado de una fábrica que producía envases y embalajes era líder de su equipo y recibió capacitación para liderazgo. Cuando regresó a la fábrica, dio una charla sobre lo aprendido al resto de sus compañeros, pero lo hizo con un lenguaje técnico y formal. Entonces, lo insté a que fuera él mismo, a que hablara como si estuviera con sus amigos. El cambio fue radical. Y positivo. Su charla fue distinta, natural, convincente: les hablaba a sus amigos, no estaba recitando un documento".

Esto no es lo mismo que decir "sean absolutamente informales". Debemos evitar el uso de términos coloquiales o vulgares o las historias pícaras. Ser auténtico y natural exige práctica, pero, sin duda, puede aprenderse.

Mark Fitzmaurice, director e instructor calificado de Dale Carnegie, Reino Unido, dice: "Cuando aplicamos la fórmula de narración, lo que buscamos es captar inmediatamente la atención del público. Vivimos en una economía de sonidos. Tenemos solo unos segundos para captar su atención y conservarla. El arte está en ir directo al mensaje, no envolverlo con demasiadas cintas y papel para regalo. Contamos con la mitad del tiempo y el doble de información. El mensaje debe ser simple: esa es la clave".

Hoy en día existe toda una industria basada en el arte de contar historias, que comenzó con Dale Carnegie ¡en 1912! Así se propagaban las historias antes de que existieran los libros.

Las claves para una narración eficaz

- Establece quién, qué, cuándo, dónde, cómo y por qué.
- Incluye animaciones y variedad de voces.
- Limita la "acción" y amplía el "beneficio".
- Usa analogías.
- Respalda lo que cuentes con evidencia que provenga de historias o anécdotas personales.
- Cuando apliques la "Fórmula mágica":
  — Comienza directamente con el incidente.
  — Ve al grano de la historia; no te detengas en el "envoltorio".
  — Sé conciso.
- Al comunicarte con la audiencia, haz lo siguiente:
  — Llama a las personas por su nombre, de ser posible.
  — Agradece su contribución.
  — Adapta la presentación a esos oyentes en particular.

Pensamientos de un maestro: Ken Beyersdorf, *presidente de la filial de Dale Carnegie en Arizona*

Si pudiera darle un consejo a alguien que desea mejorar como orador, ¿cuál sería?

"Cuando estoy con alguien que busca ser un orador eficaz, siempre le digo: 'Sé natural. No tengas un 'yo orador' y un 'yo de todos los días'. Con el 'yo orador', da la impresión de que te estás esforzando demasiado por proyectar lo que tú crees que los demás quieren que seas. Lo esencial es ser coherente. Si escucho el tono de tu voz y tu forma de hablar y, luego, noto algo distinto en el escenario, no voy a confiar en ti. No memorices la charla. En una conversación con otra persona, rara vez olvidamos lo que queremos decir, pero, en una presentación, eso puede ocurrir, porque nuestra mente y nuestros ojos no están únicamente concentrados en lo que decimos. Por eso, recuerda que debes hablarle solo a una persona. No importa si los asistentes son cinco, o mil; son individuos diferentes. De esta manera, no olvidarás lo que tienes para decir y resultarás más natural y relajado".

Del mismísimo Dale Carnegie

Suponga que desea dar un ejemplo de cómo logró calmar a un cliente enfurecido mediante uno de los principios de relaciones humanas.

"Los otros días, un hombre se acercó a mi oficina. Estaba muy molesto porque el electrodoméstico que le habíamos enviado la semana anterior no funcionaba correctamente. Le dije que haríamos todo lo posible para remediar la situación. Al rato, ya se había tranquilizado y parecía satisfecho por nuestra intención de hacer lo correcto". Esta anécdota tiene una virtud —es específica—, pero carece de nombres, detalles y, sobre todo, del diálogo entre los protagonistas, lo que haría el incidente más vívido.

A continuación, el mismo ejemplo con los agregados.

"El martes pasado, la puerta de mi oficina se abrió de golpe; levanté la vista y me encontré con el rostro enojado de Charles Blexam, uno de mis clientes habituales. No me dio tiempo de que lo invitara a tomar asiento.

"—Jovencito, esta fue la gota que rebasó la copa. Envía ya mismo una camioneta a mi casa y llévate el lavarropas que está en el sótano.

"Le pregunté qué había pasado, y él no se demoró en responder.

"—No funciona —dijo a los gritos—. La ropa se engancha en el tambor. Mi esposa está harta.

"Le pedí que tomara asiento y me explicara con mayor detalle.

"—No tengo tiempo para sentarme. Estoy llegando tarde al trabajo. Ojalá nunca hubiera entrado aquí para comprar ese lavarropas. Créeme, eso no se va a repetir. —Dio un golpe sobre el escritorio y volteó el retrato de mi esposa.

"—Mire, Charley, ¿por qué no se sienta y me cuenta? Prometo que voy a hacer lo que usted me pida que haga. —En ese momento fue cuando tomó asiento, y pudimos conversar tranquilamente sobre el asunto".

No siempre es factible incluir un diálogo en la charla; pero, en el ejemplo anterior, queda claro cómo citar la conversación ayuda a que el relato resulte más vívido para el oyente. Si el orador posee cierta habilidad para imitar y lo intenta con los tonos de voz del diálogo original, el resultado puede ser incluso más eficaz. Además, el diálogo le brinda a la charla la autenticidad de una conversación cotidiana. Así usted sonará como una persona real que conversa con su familia durante la cena, y no como un pedante que da una ponencia frente a un grupo de eruditos ni como un orador que recita ante un micrófono.

10

La elegancia bajo presión

"Esta anécdota es un ejemplo contundente de por qué es tan importante expandir las ventas de esta tecnología para que nuestros clientes en todo el mundo puedan aprovechar sus beneficios. Como dice nuestra declaración de principios: 'si no es ahora, ¿cuándo?'". Mark Cahill observó cómo todos los que estaban en la sala sonreían, asentían con la cabeza y aplaudían tímidamente. Todos, excepto una persona. Gordon Rickman, el director financiero, seguía sentado, impávido y de brazos cruzados. ¡Parecía que lo fulminaba con la mirada! A Mark se le hizo un nudo en el estómago porque la sesión de preguntas y respuestas estaba por comenzar. Gordon era conocido por formular preguntas hostiles y ponerse extremadamente a la defensiva cuando lo interrogaban a él. "De hecho, es un milagro que me haya dejado completar la presentación", pensó Mark. Respiró hondo y dijo las palabras que no quería decir: "¿Quién quiere hacer la primera pregunta?".

Un viejo adagio dice: "Si algo puede salir mal, va a salir mal". Este capítulo está pensado para ayudarte a anticipar y a evitar los problemas que pueden presentarse en una charla. Desde pánico escénico hasta inconvenientes técnicos. De todos modos, créeme cuando te digo que, aun cuando las cosas salen mal, no todo está perdido. "Que no cunda el pánico". Haz tu mejor esfuerzo para sonreír, reír y enfrentar cualquier problema con elegancia.

El pánico escénico no es una rareza

Hay anécdotas de superestrellas del entretenimiento que sufrieron episodios increíbles de pánico escénico al entrar en contacto con el público. Se les nubló la vista y sintieron náuseas y dolores de cabeza, a pesar de haberse subido a un escenario cientos de veces. Si un profesional experimenta semejante ansiedad, es lógico que nosotros sintamos temor de presentarnos frente a un grupo, en especial cuando está en juego nuestro bienestar económico. Esa ansiedad puede incluso provocar que eludamos cualquier oportunidad de hablar en público, lo que tendría un efecto terriblemente negativo en nuestras carreras.

Existen muchos métodos de relajación que pueden ayudar a reducir ese temor, pero lo más importante es identificar qué es lo exige la situación. A dar presentaciones se aprende. La mayoría de nosotros no podemos hacerlo sin cierta capacitación previa.

Ken Beyersdorf, presidente de la filial de Dale Carnegie en Arizona, cuenta un caso de pánico escénico.

"Un señor que tomaba clases para confiar más en sí mismo estaba de pie frente a un grupo, junto con otras cinco personas. ¡Pero estaba aterrado! La consigna era presentarse brevemente, pero se aferraba con tal fuerza a la mesa que tenía enfrente que se podía ver cómo sus nudillos perdían el color.

"—¿Qué se supone que tengo que decir? —preguntó. Tuvimos que sonsacarle la información de a una pregunta por vez. Era, realmente, un pánico escénico extremo.

"El curso era de doce semanas y, en la última, les preguntamos a los participantes:

"—¿Cuál es el mayor beneficio que obtuvieron del programa?

"¿La respuesta del señor?

"—Confiar en mí.

"Irónicamente, mientras daba su presentación final, un cartel que estaba colgado de la pared justo a sus espaldas se cayó al suelo, y él, literalmente, se dio vuelta y volvió a colgarlo, sin dejar nunca de presentar. No se olvidó lo que estaba diciendo, no se sonrojó ni nada. Habló durante dos minutos y medio seguidos".

La práctica reduce la ansiedad

Ensayar las presentaciones reduce drásticamente la ansiedad. Cuanto más nos familiaricemos con el material, más convincente y apasionada será la presentación. Cuanto más cómodos nos sintamos con lo que vamos a decir, más natural resultará la charla. Por ese motivo es que los profesionales ensayan una y otra vez.

Las grabaciones de audio y de video son dos maneras muy sencillas de ensayar. Obviamente, los videos ofrecen una imagen más completa, y no hay mejor manera de pulir y perfeccionar nuestras presentaciones que viéndonos en un video. Vamos a notar gestos que no pensábamos encontrar. Quizá no nos guste mucho observarnos, pero es una experiencia de aprendizaje muy eficaz. Y tan simple como presionar un par de veces sobre la pantalla de nuestro teléfono. ¡Acción!

Las aplicaciones de grabación digital en el teléfono son sencillas para usar en casi cualquier parte y hasta sirven para escuchar nuestras propias presentaciones mientras conducimos. Al escucharnos, detectamos si hablamos demasiado rápido, demasiado lento o si algunas palabras son difíciles de pronunciar. Advertimos los errores gramaticales y los *ejem* y los *hmm*. A veces, escuchar nuestros errores resulta incómodo, pero, por lo menos, somos los únicos que los escuchamos. A la hora de dar la presentación, ya los habremos corregido.

Preguntas y respuestas

Una de las partes más estresantes de cualquier charla es la de preguntas y respuestas. ¿Por qué? Porque es la única que no podemos practicar.

Más allá de eso, contar con una sesión final de preguntas y respuestas ofrece unos cuantos beneficios. Y algunos riesgos.

Beneficios de la sesión de preguntas y respuestas

- Aclara el mensaje.
- Refuerza los puntos clave.
- Expone a la luz los puntos que ofrecen resistencia.
- Brinda la oportunidad de agregar ejemplos y evidencia.
- Fomenta la participación del público.

Desafíos y riesgos

- Algunas preguntas son difíciles de responder.
- Un solo participante puede dominar el intercambio.
- Es difícil respetar los límites de tiempo.
- Algunas audiencias no son receptivas.
- Algunas audiencias son hostiles.

Cómo lidiar con los problemas

¿Cómo podemos minimizar los desafíos y los riesgos en la sesión de preguntas y respuestas? Aquí algunas sugerencias.

Establece límites de tiempo

Informa claramente, desde el comienzo, cuánto tiempo dedicarás a la sesión de preguntas y respuestas. Esto ayuda a que tanto las preguntas como las respuestas sean breves y vayan al grano. La norma general indica que las respuestas deben ser cortas. Si la respuesta es corta, la cantidad de preguntas será mayor. Ocasionalmente, puedes tomarte la libertad de ofrecer una respuesta extensa, en especial si no tuviste tiempo de desarrollar ese tema en la presentación.

Ten cuidado de que nadie del público aproveche la oportunidad de preguntar para dar un discurso. Si adviertes que ese es el caso, pídele cortésmente a la persona que formule la pregunta. También es importante evitar que un solo oyente tome el control de la sesión. Esa es tu responsabilidad.

Si no sabes la respuesta a una pregunta, dilo. Así te ganarás el respeto de la audiencia y demostrarás que eres creíble. Tratar de inventar una respuesta te hará perder credibilidad. La audiencia percibe cuando alguien inventa lo que dice.

Marca la apertura de la sesión de preguntas y respuestas

Generalmente, después de la presentación, viene el aplauso; es solo cuestión de decir: "Tenemos ... minutos para preguntas. ¿Quién quiere hacer la primera?". Eso indica que tú esperas que los oyentes te hagan preguntas y que llegó el momento de formular la primera. Con una expresión expectante y la mano levantada, muéstrale a la audiencia qué es lo que deben hacer. Dales tiempo para que rompan el hielo. Cuenta hasta diez antes de decidir que no hay preguntas.

Mira a los ojos a la persona que hace la pregunta

Concéntrate y demuestra tu capacidad para escuchar. Conserva una expresión amable en tu rostro y agradece la pregunta. Una vez que hayas escuchado y comprendido al oyente, dirígete al resto de la audiencia y parafrasea lo que esa persona dijo. Al hacer esto, ganas tiempo para acomodar los pensamientos y te aseguras de que todos hayan escuchado la pregunta. Sin embargo, posiblemente lo más importante sea que tú sigues manteniendo el control y que, ahora, la pregunta "te pertenece". Parafrasear la pregunta da también la oportunidad de limar las asperezas implícitas, si es que el oyente tuvo la intención de incomodar. Si la pregunta es "Su equipo nunca cumple los objetivos y se excede del presupuesto. Eso nos hace quedar mal a nosotros, como integrantes de ese equipo. ¿Cuándo piensa hacer algo al respecto?", puedes parafrasearla así: "La pregunta es sobre objetivos y presupuestos. Es cierto que debimos sortear algunos obstáculos inesperados en nuestra etapa de desarrollo...". Esta reformulación permite responder la pregunta sin ponerse a la defensiva ni irritar más al antagonista.

Si nadie tiene una pregunta, pregunta tú

A veces, después de que el orador da pie a las preguntas, nadie habla. Esto por lo general implica que los oyentes dudan si es "seguro" preguntar o no. Primero, cuenta hasta diez y, si el silencio continúa, haz tú una pregunta para estimular a la audiencia. Por ejemplo: "Una pregunta que suelen hacerme es..." y, luego, respóndete a ti mismo. Termina con: "¿Quién quiere hacer la próxima?". Esto suele abrir el camino. No entres en pánico por unos pocos segundos de silencio. El público quiere quebrar ese silencio tanto como tú. Si vuelves a contar hasta diez y nadie habla, haz otra pregunta y respóndela. Con dos es suficiente. Agradece a la audiencia por su atención y pasa al segundo cierre que tenías preparado de antemano.

Marca el cierre de la sesión de preguntas y respuestas

Cuando esté por concluir el tiempo que decidiste asignar a las preguntas, di: "¿Quién tiene la última pregunta?". Esta es una señal de que la sesión va a terminar. Una vez respondida esa última pregunta, agradece a la audiencia por su interés y pasa a...

El segundo cierre preparado de antemano

En una presentación, hay dos oportunidades para cerrar con un llamado a la acción, y debes preparar ambas de antemano. Una es al final de la charla como tal, cuando se invita a la audiencia a hacer algo en particular, y la otra ocasión es al final de la sesión de preguntas y respuestas. ¡No dejes pasar ninguna de las dos! Un solo llamado no completa el trabajo. Debes insistir hasta que la audiencia tome las medidas que correspondan.

Problemas técnicos

A veces, a pesar de nuestros mejores esfuerzos de planificación y preparación, las cosas salen mal. El equipamiento falla, surge un problema en la sala, o la luz, el aire acondicionado, la calefacción o una pieza crucial del equipo dejan de funcionar. A continuación, una tabla que nos ayuda a anticipar y a prevenir algunos de los problemas más comunes.

HERRAMIENTAS DE APOYO PARA LA PRESENTACIÓN: OPCIONES Y CONSEJOS		
Video • Prueba el equipo antes de usarlo. • Oscurece parcialmente la sala; que la oscuridad no sea total. • Utiliza videos que incluyan temas relacionados con la charla. • El video no debe superar los diez minutos de duración. • El video no debe reemplazar la presentación.	**Gráficos murales** • Preserva los gráficos murales de manera tal que siempre luzcan como nuevos. • Úsalos para presentar un tema, un resumen o una transición. • Déjalos siempre exhibidos para tenerlos como referencia cuando corresponda. • Presta atención de no dañar las paredes.	**Pizarras digitales** • Escribe con letra grande y prolija para que resulte más fácil captar la información. • Es necesario contar con rotuladores y borradores especiales. • Mantén la batería siempre cargada. • Repasa todas las ideas antes de borrar la pizarra. • Ubícate de frente a la audiencia cuando hables.

Objetos o modelos	Audios	Rotafolios
• Ubica los objetos o modelos donde todos puedan verlos. • Quítalos de la vista cuando hayas terminado de usarlos. • No hables mientras la audiencia examina el objeto o el modelo. • Ubícate de frente a la audiencia y no al objeto o modelo. • El objeto o modelo debería reforzar la presentación y no opacar al orador.	• La calidad es importante. • Deben ser breves para mantener la atención de la audiencia. • Otorga un tiempo apropiado para un debate posterior. • Recuerda que los audios carecen del lenguaje corporal que profundiza el impacto del mensaje.	• Los rotafolios recogen información del debate y la hacen visible. • Reparte rotuladores de distintos colores y asegúrate de que funcionen. • Otorga un rotafolios a cada grupo. • La caligrafía, la redacción y la ortografía son importantes.
Materiales impresos • Siempre ten material de más. • Organiza o encuaderna el material con calidad profesional. • Distribuye los materiales antes o después de la charla para que no compitan contigo. • Si deseas que te contacten, asegúrate de que esa información figure en los materiales.	**Recursos visuales electrónicos** • Combina textos y gráficos. • No oscurezcas demasiado la sala. • Asegúrate de tener material de respaldo. • Asegúrate de que el proyector esté disponible. • Siempre ubícate de frente a la audiencia. • Reserva un tiempo para instalar los recursos y practicar. • Durante la presentación, deja la pantalla en negro.	**Pizarras** • Escribe con letra grande para que todos puedan leer. • Las pizarras son útiles para las lluvias de ideas o para la planificación grupal. • Ten rotuladores nuevos siempre a mano. • Limpia la superficie inmediatamente después de haberla usado.

“Botiquín” para emergencias

Un método para no perder la calma cuando algo sale mal es anticipar los problemas y contar con recursos de apoyo. A continuación, una lista de algunos elementos que nuestros instructores llevan consigo a las presentaciones.

- Caramelos para la garganta.
- Analgésicos para posibles dolores de cabeza.
- Pañuelos descartables y remedios contra la alergia.
- Cepillo de dientes y pasta dental para las presentaciones organizadas después del almuerzo.
- Una botella de agua.
- Un control remoto para pasar las diapositivas.
- Pilas para los dispositivos inalámbricos.
- Un *pen drive* con una copia de la presentación.
- Copias en papel con parte de las notas, aunque planeen usar diapositivas.
- Cargadores extra para el teléfono, la computadora portátil y cualquier otro dispositivo electrónico.
- Una muda de ropa, por si llegaras a mancharte.
- Una barrita energética u otro tentempié pequeño y fácil de transportar.
- Una copia extra del texto que se usará para presentarnos.
- Rotuladores y cinta adhesiva.
- Adaptadores para los enchufes más comunes de proyectores por si necesitas conectarlos a tu computadora portátil (por ejemplo, de HDMI a USB).

En este capítulo, analizamos cómo lidiar con algunas de las dificultades que pueden surgir en una presentación. Como dijimos, ¡lo esencial es no entrar en pánico! Los problemas técnicos no dañarán nuestra credibilidad frente a la audiencia, a menos que lo permitamos.

"Si no están nerviosos, lo mejor es sentarse".

NANCY COVERT, PRESIDENTA DEL ÁREA DE CAPACITACIONES DE DALE CARNEGIE EN BIRMINGHAM Y HUNTSVILLE, ALABAMA

Pensamientos de un maestro: Frank Starkey, *vicepresidente del área de Capacitaciones e instructor calificado de Dale Carnegie en Dallas*

Si pudiera darle un consejo a alguien que desea mejorar como orador, ¿cuál sería?

Pertenezco a la organización Dale Carnegie desde 1988 y, una vez más, estoy leyendo *Cómo ganar amigos e influir sobre las personas*. En la oratoria, se debe tener en cuenta que lo importante no soy yo, sino el otro. La distancia entre dos personas se acorta con una buena historia. Es la manera más eficaz de conectar con el otro. No repitas "yo, yo, yo" ni hables "en modo presentación"; cuenta una historia que convoque desde lo racional y también desde lo afectivo. No importa cuál sea el resultado: todo se basa en cómo nos conectamos con el otro.

Del mismísimo Dale Carnegie

¿No queda más que claro que lo único que logra el orador que discute con su audiencia es despertar su tozudez, ponerla a la defensiva, imposibilitar que cambie de opinión? ¿Es inteligente comenzar con "Les voy a demostrar esto y aquello"? Lo más probable es que los oyentes entiendan eso como un desafío y digan para sí: "Eso está por verse".

¿No es mucho más aconsejable comenzar haciendo hincapié en algo en lo que usted y su audiencia creen y, luego, proponer alguna pregunta pertinente, cuya respuesta a todos les gustaría escuchar? Haga entonces que la audiencia lo acompañe en la búsqueda sincera de la respuesta.

En esa búsqueda, presente los hechos como usted los ve y tan claramente que la audiencia termine aceptando sus conclusiones como si fueran propias. Ellos tendrán más fe en una verdad que descubran por sí mismos.

"El mejor argumento es el que parece una explicación". En toda controversia, más allá de la profundidad de las diferencias, siempre existe un terreno propicio para el acuerdo; es allí donde el orador puede proponer el encuentro.

Es mucho menos factible que surjan ideas controvertidas en la mente de los oyentes si el orador presenta sus opiniones con sentimiento y entusiasmo contagioso. Digo "contagioso", porque el entusiasmo es así. Aleje todas las ideas negativas que llevan a la polémica. Cuando el objetivo es convencer, es más productivo despertar emociones que pensamientos. Las emociones son más contundentes que las ideas frías.

Para despertarlas, debemos ser honestos. No importan las frases halagadoras que un hombre pueda inventar, no importan los ejemplos que pueda brindar, no importan la armonía de su voz ni la elegancia de sus gestos, si no habla con sinceridad, no serán más que brillos superficiales. Si quiere causar una buena impresión ante la audiencia, cáusese una buena impresión a usted mismo. Su espíritu, que destellará a través de sus ojos, irradiará a través de su corazón y se proclamará a través de sus gestos, se expresará frente a la audiencia.

Cada vez que hable, en especial cuando su objetivo sea persuadir, lo que usted haga determinará la actitud de los oyentes. Si usted es apático, ellos también lo serán; si se hace el gracioso o es hostil, ellos actuarán del mismo modo.

11

Hablar en la era de la virtualidad

—Son solo unas pocas preguntas, Mark. Le agradecemos que haya aceptado hablar con nosotros en forma remota. —Mark Cahill acababa de llegar a su casa después de la presentación ante el equipo de ejecutivos cuando le informaron que algunos inversores querían hacer unas preguntas más a través de una reunión por Zoom—. ¡No hay problema! ¿En qué puedo ayudarles?

Todo cambió, pero la mayoría sigue igual

Ningún libro sobre presentaciones y oratoria estaría completo sin un capítulo sobre los desafíos de dar una charla virtual. Nuestra empresa, como otros millones de empresas en el mundo, podria haber suspendido las charlas y las capacitaciones a causa de la pandemia por covid-19. Por fortuna, con las ideas que ustedes descubrirán en este capítulo, pudimos migrar rápidamente a los cursos en línea, gracias a la experiencia de años de haber trabajado con clientes y organizado reuniones internas mediante un formato remoto en vivo.

Hoy en día, las presentaciones y las reuniones virtuales son la regla más que la excepción. Y, si bien la mayor parte del material de este libro se aplica tanto a la modalidad presencial como a la virtual, hay algunos ajustes importantes que debemos hacer para optimizar la opción en línea.

En las reuniones presenciales, el público está ahí, frente a nosotros. No pueden apagar la cámara ni fingir que prestan atención.

No pueden dejar una imagen de ellos en la silla e ir a buscar café; ni tampoco chequear el correo electrónico sin dejar de mirar a cámara.

En la modalidad virtual, debemos competir con las distracciones laborales y hogareñas, con otras prioridades en conflicto y con los períodos de dispersión. Debemos hacer un esfuerzo mayor para no perder el interés de la audiencia.

Mark Fitzmaurice, director e instructor calificado de Dale Carnegie en Reino Unido, dice: "En las actividades presenciales, la comunicación muchas veces se produce de manera subliminal. En las virtuales, eso no ocurre. Carecemos de los mensajes subliminales y solo contamos con nuestra voz y nuestro lenguaje corporal. El asunto es que muchos oradores no hacen ninguna modificación; por eso, resultan aburridos. Se debe hacer un esfuerzo mayor para modular la voz. No se puede hacer lo mismo que en un encuentro presencial. Se debe trabajar un poco más".

Transmitir el lenguaje corporal en línea

¿Qué queremos decir con "trabajar un poco más"? Que debemos ser conscientes de cómo vamos a transmitir nuestro lenguaje corporal. No tenemos la posibilidad de caminar por la sala como lo haríamos en persona. Sin embargo, podemos expresar pasión y coherencia con el resto del cuerpo.

Mark Fitzmaurice sigue diciendo: "Necesitamos ser coherentes. Necesitamos que los demás sientan lo que estamos diciendo. Se puede expresar pasión con el lenguaje corporal (incluso en forma virtual). ¿Cómo movemos las manos? ¿Nos ponemos de pie o nos quedamos sentados? Hablen con todo su cuerpo. Asegúrense de que tanto el lenguaje corporal como la voz sean coherentes con el mensaje".

"Somos profesionales. Debemos prestar atención al aspecto, a lo que haya detrás de nosotros, etcétera. Debemos prestar atención a la imagen. Aun cuando la presentación sea en línea, estamos trabajando".

—MARK FITZMAURICE, DIRECTOR E INSTRUCTOR CALIFICADO DE DALE CARNEGIE, REINO UNIDO

Veinte consejos para hacerlo bien

A continuación, algunas sugerencias y técnicas para que tus presentaciones virtuales sean un éxito.

1. Mira a la cámara. En las presentaciones en línea, debes asegurarte de mirar a la cámara y no a la pantalla. Es decir, debes fijar la vista en la lucecita verde o roja como si allí estuviera la audiencia. Ubica la cámara a la altura de los ojos para no tener que elevar la mirada. Si observas hacia abajo, corres el riesgo de lucir con papada o de que tu imagen no resulte muy agraciada. Acércate a la cámara, pero no demasiado, para evitar que tu figura sea más grande que la de los demás. Las personas tienden a mirar al rostro, así que mantener una distancia normal puede ayudar.

2. Presta atención al fondo. La mayoría de nosotros ha visto el "detrás de escena" de conductores de noticiarios que transmitían desde sus casas. La cámara se enfocaba en una oficina o en una pantalla verde, y el resto de la habitación podía corresponder a un lugar vacío o a un sótano. Evita los objetos superfluos o demasiado personales, como las bibliotecas o los portarretratos familiares. La audiencia prestará atención a los libros y a las fotos, en vez de escucharte a ti. Si el fondo no es el mejor, la mayoría de las plataformas permiten subir una imagen desde la computadora para utilizar como fondo vir-

tual o difuminar el real. En el área de Capacitaciones de Dale Carnegie, contamos con varios fondos corporativos para elegir. Una buena manera de comercializar la marca puede ser colocar el logo o el nombre de la empresa detrás del orador.

3. No confíes en la luz ambiente. Asegúrate de que la luz de frente sea buena, que brille en tu rostro. Si hay una ventana detrás de ti o al costado, corre las cortinas para evitar que el rostro se oscurezca por el reflejo o la luz. La luz natural puede resultar bonita, pero es impredecible. Si la intención es dar muchas charlas virtuales, piensa en invertir en un aro de luz.

4. Domina la tecnología que vayas a usar antes de la presentación. Nada tiene la capacidad de destruir tu credibilidad más rápido que verte lidiar con una tecnología que desconoces. De hecho, si le pides a alguien que se haga cargo de la parte tecnológica, podrás concentrarte en transmitir el mensaje. De todas maneras, haz un "ensayo general" de toda la charla con el mismo equipamiento técnico (conexión a la internet y computadora) que vas a usar ese día.

5. Controla si la cámara y el micrófono están encendidos o apagados. Todos hemos visto videos de personas que dijeron o hicieron algo humillante porque creyeron que sus cámaras o micrófonos estaban apagados. Siempre presupone que están encendidos; así será menos probable que pases vergüenza. Si formas parte de un panel o se trata de una presentación grupal, mira a la cámara y presta atención ¡incluso cuando no estés hablando! Los oradores de alto impacto saben de la importancia de mirar a los ojos, especialmente cuando el encuentro es virtual.

6. Contempla la posibilidad de ponerte de pie. Una manera de utilizar el lenguaje corporal con eficacia es poniéndose de pie

durante la presentación. Esto se dificulta si el fondo es virtual, pero la energía que se genera es la misma que en una charla presencial. Ubica la cámara a la altura de los ojos para que no quede demasiado alta y la audiencia no deba apuntar la mirada hacia arriba.

7. Inclínate hacia adelante. Si estás sentado, mantén una posición erguida, con la parte baja de la espalda contra la silla y el torso inclinado hacia adelante. Eso da a entender que estás involucrado con la audiencia. Un detalle crucial, en especial si otra persona es la que está hablando.

8. Presta atención al tono de tu voz. Como la audiencia no cuenta con el beneficio de verte mover en el escenario, una manera de mantener su atención es con un tono de voz animado. No hables demasiado bajo ni con un tono monocorde. Tampoco exageres con el entusiasmo; eso podría agotar a la audiencia.

9. Haz la prueba de "uno, dos, tres". Prueba el micrófono de antemano. Si no te escucha, la audiencia nunca recibirá el mensaje. Prueba también los auriculares o los parlantes de la computadora para asegurarte de que no haya interferencias o distorsiones en el sonido. Repetimos: si la intención es dar muchas charlas virtuales, piensa en invertir en micrófonos o auriculares de buena calidad.

10. No pierdas el ritmo. Hablar demasiado rápido o demasiado lento también puede perjudicar la presentación. Muchas veces los nervios se apoderan de lo mejor de nosotros y apuramos el ritmo de la charla. ¡Quita el pie del acelerador!

11. Conéctate al módem. De ser posible, conecta la computadora directamente al módem con un cable de red Ethernet. Esto

te asegurará la mejor conexión posible y evitará que la señal se vuelva inestable o débil en la mitad de la presentación por problemas imprevistos en el wifi.

12. Prepara material de respaldo. Al igual que con las charlas presenciales, ten copias de las diapositivas o de los recursos visuales. También asegúrate de que otra persona (en otro sitio) cuente con una copia; en ese caso, si la internet falla, y debes transmitir tu presentación a través del teléfono, la audiencia no se perderá los recursos visuales. ¿Una opción aun mejor? Piensa en un respaldo para este respaldo.

13. Utiliza recursos visuales. Estos recursos se vuelven todavía más importantes en las presentaciones virtuales. La audiencia necesita algo donde fijar la vista para no perder el interés. El mismo consejo sirve para las diapositivas: deben ser sencillas y con un texto no demasiado extenso. No dejes una diapositiva expuesta durante mucho tiempo. Pasa a la siguiente o pon la pantalla en negro hasta que sea el momento de cambiarla.

14. No participes del chat. Una característica distintiva de las presentaciones virtuales es la posibilidad de que los participantes hagan preguntas o comentarios a través del chat. De todas maneras, si bien es una forma excelente de mantener vivo el interés de la audiencia, pídele a otra persona que se ocupe de esa tarea. Es muy fácil distraerse haciendo comentarios sobre lo que lees en el chat o saludando a los participantes. Si pides que respondan a una pregunta u opinen sobre un tema en particular, deja de hablar y lee en voz alta lo que ellos escriben. Incluye esta parte en la planificación de la charla y haz referencia al chat únicamente en ese momento.

15. Interactúa con la audiencia. Que sea un encuentro virtual no implica que no puedas interactuar con la audiencia. Al igual que en una instancia presencial, invita al público a que participe. Puede ser a través del chat, de encuestas o levantando la mano. Las participaciones no deberían durar más de diez minutos. Si planeas usar salas para grupos de trabajo, entra en cada sala e interactúa con los participantes allí.

16. Llama a los participantes por sus nombres. Dale Carnegie decía que "para cualquier persona y en cualquier idioma, su nombre es la palabra más dulce e importante". Guíate por la lista de participantes e interactúa con ellos llamándolos por su nombre. Pídeles que levanten la mano cuando quieran hablar.

17. Silencia los micrófonos. Configura los micrófonos de la audiencia para que estén silenciados hasta que llegue el momento del intercambio grupal. ¡Oír a un perro que ladra o el ruido de papeles puede distraerte muchísimo!

18. Sé auténtico. El mismo consejo que damos para las charlas presenciales sirve para las virtuales. Sé tú mismo. No actúes ni intentes ser quien no eres. ¡Saca a relucir tu personalidad! Tus oyentes recordarán mejor lo que tú les digas si sienten que eres sincero.

19. Mantente enfocado en la audiencia. Recuerda: lo importante no eres tú, sino la audiencia. Concéntrate en el mensaje y asegúrate de que todos participen e interactúen.

20. Ten tu propia "charla técnica después del partido". En algunos deportes, después de un partido, el director técnico reúne a los jugadores en el vestuario y proyecta la grabación de distintos momentos del juego para analizar los aspectos factibles

de mejoras. De ser posible, graba la charla y mírala después. Piensa en qué puedes mejorar y qué hiciste bien. En las presentaciones, la clave está en perfeccionarse continuamente, y eso se logra evaluando nuestro propio desempeño.

Pensamientos de un maestro: Mark Fitzmaurice, *director e instructor calificado de Dale Carnegie, Reino Unido*

Si pudiera darle un consejo a alguien que desea mejorar como orador, ¿cuál sería?

Me crié en un barrio humilde en la zona menos acomodada de la ciudad. Éramos siete hermanos, y ninguno superaba los diez años. La vida en mi casa se parecía a la de un zoológico, y yo me sentía muy inseguro. ¿Quién me iba a escuchar si siempre había otro que gritaba más fuerte y era más demandante?

Cuando tenía veintiséis años, la empresa en la que trabajaba me envió a un curso de Dale Carnegie. Era sobre gestión, y trabajamos en grupos pequeños. Allí tuve que ponerme de pie frente al resto y dar una presentación. Nunca en mi vida había sentido tanto miedo. ¿Por qué? Porque el foco estaba en mí.

Durante la capacitación, aprendí que lo importante no era yo, sino el mensaje. Y, cuando terminó, me eligieron como el mejor de mi grupo de trabajo.

Eso ocurrió hace treinta y cuatro años, y aún recuerdo los nombres de mis otros dos compañeros en el grupo: uno era un millonario y el otro, un magnate de los negocios. Y gané yo. Ese momento cambió mi vida.

Luego, asistí a un programa de oratoria de catorce semanas de duración. Durante las primeras seis, no logré mirar al público a los ojos.

Dirigía la vista hacia la ventana. Pero, en la sexta semana, conté algo importante para mí (un ascenso en el trabajo) y pude mirarlos a los ojos. Gané, y me dieron una lapicera como premio. Todavía conservo esa lapicera. Ahora me dedico a capacitar a otros en todas partes del mundo. La moraleja es: todos podemos brillar.

Como oradores, debemos ser capaces de transmitir nuestras emociones. A veces, se transmite entusiasmo y otras, debilidad. Para eso, tenemos que entrar en contacto con nuestras emociones y asumir la valentía de mostrarnos vulnerables. Al exponernos, los demás perciben quiénes somos en realidad. No seamos convidados de nuestra propia existencia.

¡Esta enseñanza puede cambiarte la vida!

Del mismísimo Dale Carnegie

Conozca los factores del miedo de hablar en público

Factor número uno. Usted no es el único que teme hablar en público. Las encuestas en las universidades indican que entre el 80 y el 90% de los estudiantes que se inscriben en clases de oratoria sufren de pánico escénico al comienzo del curso. Me inclino a creer que la cifra es más alta entre las personas adultas que asisten a mis cursos: casi un 100%.

Factor número dos. ¡A veces, un poco de pánico escénico es útil! Es la manera en la que la Naturaleza nos prepara para enfrentar desafíos poco habituales en el entorno. Así que, cuando note que el pulso se le acelera y le cuesta respirar, no se alarme. El cuerpo, siempre alerta a los estímulos externos, se está preparando para entrar en acción. Si esta preparación fisiológica no se desmadra, usted podrá pensar más rápido y hablar con mayor fluidez e intensidad que en circunstancias normales.

Factor número tres. Muchos oradores profesionales me han confesado que el pánico escénico nunca desaparece por completo. Surge siempre antes de comenzar a hablar y continúa durante las primeras oraciones. Este es el precio que pagan por ser caballos de carrera y no, de tiro. Los oradores que aseguran sentirse "tranquilos como agua de tanque" suelen ser tan insípidos como el agua y tan poco permeables como un tanque de concreto.

Factor número cuatro. La causa principal del miedo a hablar en público es que no estamos acostumbrados a hablar en público. "El miedo es el hijo ilegítimo de la ignorancia y la duda", dice el profesor Robinson en *The Mind in the Making* (en español, "La mente en formación"). Para la mayoría de las personas, la oratoria es una cualidad desconocida y, por lo tanto, plagada de temores y ansiedad. Para la persona que recién comienza, implica una serie compleja de situaciones infrecuentes que exigen un compromiso mayor que jugar al tenis o conducir un auto. Para que esta circunstancia temible se convierta en algo sencillo, practique, practique y practique. Así descubrirá, como otros miles y miles de personas, que la agonía puede convertirse en placer una vez acumuladas varias experiencias exitosas.

El éxito que usted tenga dependerá mayormente de lo que fije en su mente antes de hablar. Imagínese hablando a los demás y manejando la situación a la perfección.

Lograr eso está en su poder, y es sencillo. Crea que le irá bien. Créalo realmente; entonces, hará lo necesario para que le vaya bien.

CONCLUSIÓN

Hacía una semana que Mark Cahill había dado su presentación ante los ejecutivos, y ahora estaba esperando la respuesta. El director financiero le hizo algunas preguntas incómodas sobre cuánto costaría expandir la venta de esa tecnología, pero el resto del grupo le dio las gracias y le dijo que lo contactarían en unos pocos días.

"Ya llegó, Mark". Su asistente había estado monitoreando la casilla de correo electrónico y tenía la orden de avisarle en cuanto recibiera el mensaje de la casa central. Mark se puso un poco nervioso cuando hizo clic en el mensaje para abrirlo, pero estaba seguro de haber dado la mejor presentación posible. "Aquí vamos...", pensó cuando comenzó a leer.

"En nombre de la totalidad de la junta, deseo agradecerle por haberse acercado para presentar su idea acerca de la expansión tecnológica. Su propuesta fue muy sólida, y algunas de las ideas planteadas nos parecieron fantásticas. Lo conversamos y nos complace decir que avanzaremos con el proyecto. Mi secretaria le enviará documentación los próximos días. Por el momento, solo me resta felicitarlo".

A lo largo de este libro, leímos historias y consejos de los integrantes del área de Capacitaciones de Dale Carnegie que enseñan y viven este material todos los días. Aprender a "superar el miedo a hablar en público" es mucho más que aprender a dar una presentación. Es convertirse en la mejor versión de nosotros mismos. Es mucho más que aprender a hablar mejor. Es aprender a liderar mejor. Es cambiar el mundo para mejor, poco a poco. Es aprender a SER mejor.

Practicar la compasión

Cuando leas este material y practiques lo aprendido, sé bueno contigo. Lleva tiempo salir de la zona de confort, alejar los temores y abrirle la puerta a la verdadera persona que eres para que se suba al escenario.

¡Aplica en ti los principios que Dale Carnegie enseñó! Empieza por brindar elogios genuinos y sinceros. Concéntrate en lo que está bien y en las áreas donde detectes crecimiento. Observa cuánto camino llevas recorrido; no cuánto te falta para llegar a la cima.

Consejos finales de nuestros expertos

Se puede lograr el mismo nivel de compromiso tanto en las presentaciones virtuales como en las presenciales. ¡Hoy en día hasta es posible enamorarse por internet! Amígate con la idea de que se pueden dar presentaciones eficaces en todas partes. En línea o junto a la máquina de café. Los principios no varían.

—Dave Wright, director ejecutivo del área de Capacitaciones de Dale Carnegie en Houston, Austin y San Antonio

* * *

Recuerdo a un miembro de la junta de una distribuidora farmacéutica enorme. Este hombre tenía un cargo directivo. Al comienzo de la capacitación, fue muy claro: "Odio hablar en público". Sin embargo, los cursos sobre presentaciones con alto impacto nos enseñan a utilizar la narración de historias y a ser nosotros mismos. En un par de semanas, este hombre pasó del "Odio hablar en público" y de considerar esa obligación como una tarea desagradable ¡a realmente ser muy diestro y a hacerlo con placer! Lo más importante no es la estructura retórica ni la organización de la charla, sino cómo liberar a las personas del caparazón dentro del cual funcionan.

—Robert Korp, director del área de Calidad de las Capacitaciones de Dale Carnegie

★ ★ ★

Cuando lo ascendieron, el director de una empresa especializada en alta seguridad se dio cuenta de que necesitaba trabajar en la cultura corporativa. En ese momento, la actitud era: "Somos como somos y no hay problema con eso. No servimos para plantearnos desafíos y demostrar quiénes somos". Entonces, les pidió a las personas que estaban a su cargo que se inscribieran en la capacitación en presentaciones con alto impacto. Durante dos días, se concentraron en aprender a comunicar mejor. "Como ejecutivos, debemos ser más auténticos y crear un entorno laboral agradable. Tenemos que animarnos a ser tal cual somos. A comunicar de un modo personal. También debemos ser más convocantes como empleadores. Demostrar transparencia a través de anécdotas personales. Para atrapar su interés, los empleados de calidad deben sentirnos presentes. Las anécdotas pueden ayudarnos a eso".

En otra organización, había una asesora que sentía que la hostigaban, la trataban mal y no la incluían en las decisiones. Sin embargo, su gerente aseguraba que el clima de trabajo era muy bueno. El director ejecutivo se dio cuenta de que el gerente tomaba como parámetro la resolución de los problemas comerciales y no el desarrollo personal de los empleados; entonces, les pidió a todos que se sumaran a un coro con ensayos semanales. Como se imaginan, la primera semana fue difícil, ¡pero luego comenzaron a sentir que cantaban bien! Con el tiempo, la cultura corporativa cambió, y empezaron a incluir a la mujer. Existe poder en hacer algo que no dominamos y sentir de a poco que lo estamos haciendo bien. Al comenzar todos a un mismo nivel, se produce la inclusión.

Aprender a ser mejor orador puede tener muchos beneficios, desde corregir la cultura corporativa hasta resultar más convocante como empleador. Y todo empieza por ser lo que realmente somos.

—Berit Friman, directora ejecutiva de
Dale Carnegie en Suecia

★ ★ ★

En abril de 2020, casi no había nada abierto por la pandemia. Un asistente a nuestras capacitaciones fue de los primeros en contraer covid-19. Las personas morían como moscas, y este hombre les dijo a su esposa y a su hijo: "Acabo de hablar con mi médico y me voy a internar. No pueden venir conmigo y quizá nunca nos volvamos a ver. Los amo".

Estuvo en el hospital casi una semana. Se había llevado la Biblia y algunas otras cosas, como las tarjetas de tres por cinco centímetros que repartimos en las sesiones de capacitación en las que trabajamos con los elogios genuinos y sinceros; en esas tarjetas, cada uno escribe lo que valora del otro. Con la única preocupación de sobrevivir a la enfermedad que amenazaba su vida, este hombre leyó esas tarjetas una y otra vez. Leer las palabras de reconocimiento y elogio dedicadas a él lo ayudó a sobrevivir. Dejó el hospital y regresó a su casa con su mujer y su hijo, ya curado.

Si hay algo que vale la pena recordar de *¡Habla! Cómo superar el miedo a hablar en público*, es que todos tenemos algo valioso para decir, que merecemos ser escuchados. Sé "una buena persona con capacidad para la oratoria". Tus oyentes necesitan oír lo que sucede en tu interior. Y tú puedes hacer eso por ellos.

—Frank Starkey, vicepresidente del área de Capacitaciones
e instructor calificado de Dale Carnegie
en Dallas y Fort Worth, Texas

★ ★ ★

No tengas miedo de practicar. Utiliza la cámara de tu teléfono; es un gran método para superar el temor y un recurso como cualquier otro. Grábate.

También aplica en ti los principios de Dale Carnegie. Sé bueno contigo. La primera vez que te veas grabado vas a odiarte, pero no te enfoques en lo que salió mal: enfócate en lo que salió bien y en el progreso que vas haciendo. Es como escalar una montaña y solo tener en cuenta lo que falta para llegar a la cima, en vez del camino recorrido. Comienza por valorarte y elogiarte con sinceridad, y no juzgues ni te quejes.

—Mark Fitzmaurice, director e instructor calificado de Dale Carnegie, Reino Unido

Del mismísimo Dale Carnegie

Cada vez que aprendemos algo, ya sea francés, golf o a hablar en público, el progreso no es sostenido. Ni gradual. Avanzamos en oleadas, con comienzos abruptos y detenciones repentinas. A veces, nos estancamos durante un tiempo o, incluso, retrocedemos y perdemos parte del terreno ganado. Los psicólogos conocen muy bien estos períodos de inacción, o de regresión; los llaman "mesetas en la curva del aprendizaje". Los que estudian oratoria a veces se estancan en estas mesetas, quizá durante semanas. Por más que se esfuercen, no logran avanzar. Los más débiles abandonan, desalentados.

Los tesoneros insisten, y, de repente, casi de la noche a la mañana, sin saber cómo ni por qué, progresan de manera considerable. Se elevan de la meseta como si fueran aviones y adquieren naturalidad, solidez y confianza al hablar.

Es posible, como ya dijimos varias veces en este libro, que, en los primeros momentos frente al público, experimentes un temor pasajero, una ansiedad nerviosa o algo que te paralice. Hasta los músicos más geniales sienten lo mismo, a pesar de sus múltiples apariciones en público. Paderewski siempre jugueteaba, nervioso, con sus gemelos antes de sentarse al piano. Pero en cuanto comenzaba a tocar, el temor de estar frente al público se evaporaba como la niebla cuando sale el sol.

Tú puedes repetir esa experiencia. Si perseveras, todo desaparecerá, incluso el temor inicial. Que será eso: un temor inicial y nada más. Después de las primeras oraciones, tomarás el control y te dirigirás a la audiencia con un placer positivo.

LOS MEJORES CONSEJOS PARA DAR UNA PRESENTACIÓN

1. Considera un honor haber sido convocado para hablar frente a una audiencia... ¡y dilo en voz alta!
2. Elogia genuinamente a tus oyentes.
3. Menciona los nombres de algunos de los oyentes.
4. Réstate importancia. ¡No te jactes!
5. Habla de "nosotros" y no de "ustedes".
6. No hables con el entrecejo fruncido ni con tono recriminatorio.
7. Al hablar, ten en cuenta los intereses de los oyentes.
8. Disfruta de la charla.
9. No te disculpes.
10. Apela a las emociones más nobles de la audiencia.
11. Acepta las críticas, en vez de tomarlas para mal.
12. Sé "una buena persona con habilidad para la oratoria".

APÉNDICE A

Planilla de planificación

Planilla para planificar la presentación

Pautas

- Proyecta una actitud positiva acerca del mensaje.
- Causa impacto tanto al inicio como al final de la charla.
- Identifica los puntos principales del mensaje.
- Recurre a un lenguaje corporal enérgico y a un tono de voz optimista.
- Selecciona imágenes que refuercen positivamente el mensaje.

Estructura básica de las presentaciones

Apertura: Atrae de inmediato el interés favorable de la audiencia.
Mensaje: Enuncia con claridad el mensaje o el tema.
Evidencia: Genera credibilidad e inspira respeto y confianza compartiendo evidencia convincente.
Cierre: Crea en la audiencia una impresión favorable, digna de recordar, tanto tuya como de tu organización.
Preparación: Ten en claro cómo es la audiencia y describe el objetivo de la presentación.

Bosquejo

Apertura:

Primer hecho, beneficio, evidencia:

Segundo hecho, beneficio, evidencia:

Tercer hecho, beneficio, evidencia:

Cierre:

APÉNDICE B

Hablar con más eficacia, por Dale Carnegie

La comunicación eficaz es crucial para cualquier organización; la característica de un gran comunicador es su capacidad para dotar de energía a un equipo, una junta directiva o un estadio.

¿Qué hace falta para ser un gran comunicador? Ser un experto en la materia no garantiza una presentación cautivante. Conocer profundamente el contenido puede darle el derecho de hablar, pero transmitir el entusiasmo que el mensaje le genera es tan importante como lo anterior, si no más. Si la audiencia advierte su pasión genuina por el tema, estará pendiente de cada palabra que usted diga. Porque, si bien apreciarán su saber, es su entusiasmo lo que de veras los cautivará.

Hasta el día de hoy, la vida lo ha preparado para dar, al menos, una decena de charlas fantásticas como nadie más puede hacerlo, porque ninguna persona ha tenido exactamente sus mismas experiencias. Hablar en público de sus vivencias no debería ser más difícil que contarle una buena historia a un amigo. En Dale Carnegie, lo ayudaremos a desarrollar el valor y la confianza que necesita para hablar de manera clara y concisa ante cualquier público. Usted tiene el conocimiento; nosotros le enseñaremos a compartirlo.

En esta sección, hallará ocho principios rectores —explicados mediante las anécdotas atrayentes y personales de Dale Carnegie— que fueron pensados para ayudarlo a ser un orador convincente.

HABLAR CON MÁS EFICACIA, **por Dale Carnegie**

Un método fácil y rápido para aprender a hablar en público

Quizá se esté preguntando: "¿Existe un método fácil y rápido para aprender a hablar en público o se trata simplemente de un título atractivo que promete más de lo que cumple?".

No, no estoy exagerando. Voy a compartir con usted un secreto vital, un secreto que lo ayudará inmediatamente a hablar en público. ¿Dónde aprendí eso? ¿En un libro? No. ¿En algún seminario sobre oratoria? No. Jamás escuché hablar de eso en la universidad. Lo aprendí con sacrificio: de manera gradual, lentamente, sufriendo.

Si, cuando estudiaba en la universidad, alguien me hubiera dado la clave para escribir y hablar con eficacia, me habría ahorrado años y años de esfuerzos malgastados y desoladores. Por ejemplo, una vez escribí un libro sobre Lincoln y, mientras lo hacía, arrojé al cesto de basura al menos un año de esfuerzos inútiles, que podría haberme evitado si hubiera conocido los secretos fantásticos que ahora voy a compartir con usted.

Lo mismo ocurrió cuando estuve dos años intentando escribir una novela. Y cuando escribí un libro sobre oratoria; otra vez, un año de esfuerzos desechados en un cesto por desconocer los secretos de cómo triunfar en la oratoria y en la escritura.

De ser posible, dedique un año a la preparación

¿Cuáles son esos secretos invaluables que estuve agitando frente a sus ojos? Escuche: hable de lo que se haya ganado el derecho de hablar por estudio o por experiencia. Hable sobre lo que sabe y sobre lo que usted sabe que sabe. No dedique diez minutos ni diez horas a preparar una charla: dedique diez semanas o diez meses. Mejor aún, dedique diez años.

Hable de algo que le interesa.

Hable de algo que de veras desea comunicar a los oyentes. Para ilustrar lo que quiero decir, voy contar el caso de Gay Kellogg, una ama de casa que vivía en Roselle, New Jersey. Gay Kellogg jamás había hablado en público hasta que se unió a uno de nuestros cursos en New York. Estaba aterrada. Sentía que la oratoria era un arte oscuro que excedía largamente sus capacidades. Sin embargo, en la cuarta sesión, dio una charla improvisada que cautivó al resto de sus compañeros: le pedí que hablara sobre lo que más lamentaba en la vida. Y lo que Gay Kellogg dijo fue muy conmovedor. Sus compañeros no pudieron evitar las lágrimas. Lo sé porque yo tampoco pude evitarlas. Gay Kellogg contó algo así:

"Lo que más lamento en la vida es no haber conocido el amor de una madre. Mi mamá murió cuando yo tenía un año. Me criaron una sucesión de tías y parientes, demasiado absorbidas por sus propios hijos para tener tiempo para mí. Nunca me quedaba con ellas mucho tiempo. Todas se apenaban al verme llegar y se alegraban cuando me iba.

"Nunca se interesaron por mí ni me brindaron afecto. Sabía que no me querían. Aun siendo una criatura, lo sentía. A veces, me sentía tan sola que lloraba hasta quedarme dormida. Mi mayor deseo era que alguien me pidiera el boletín de calificaciones de la escuela. Pero nadie lo hacía. A nadie le importaba. Lo único que anhelaba de niña era amor; y nadie jamás me lo dio".

¿Gay Kellogg había dedicado diez años a preparar esta charla?

No. Había dedicado veinte. Se estaba preparando para dar esta charla cuando se quedaba dormida llorando. Cuando se le rompía el corazón porque nadie pedía ver su boletín de calificaciones. No había dudas de que Gay Kellogg podía hablar de ese tema. No había logrado borrar los recuerdos de su infancia. Había redescubierto un depósito de sentimientos y recuerdos trágicos muy dentro de ella. No había necesitado esforzarse para encontrarlos ni trabajar para dar la charla. Lo único que había necesitado hacer fue dejar que esos recuerdos y esos sentimientos reprimidos subieran a la superficie, como el petróleo en un pozo.

Jesús dijo: "Mi yugo es fácil, y ligera, mi carga". Lo mismo ocurre con la buena oratoria. Las charlas poco eficaces son las que se escriben y se aprenden de memoria; se transpiran y resultan artificiales. Las buenas charlas son las que surgen dentro de uno como si fueran vertientes. Muchas personas hablan como yo nado; lucho contra el agua, quedo exhausto y avanzo la décima parte de lo que avanzan los más experimentados. Los malos oradores, al igual que los malos nadadores, se ponen tensos y se enredan formando nudos... y fracasan en lograr su objetivo.

Haga que el tema lo entusiasme

Hasta los oradores mediocres pueden ofrecer charlas sublimes si hablan de algo que los haya conmovido profundamente. Viví un ejemplo de esto hace años, cuando dictaba cursos para la Cámara de Comercio de Brooklyn. Es un ejemplo que recordaré de por vida. Lo que ocurrió fue lo siguiente:

La sesión estaba dedicada a charlas improvisadas. Cuando todos los participantes estuvieron reunidos les pedí que hablaran sobre "¿Cuál es el problema, si es que hay un problema, con la religión?".

Un hombre (quien, de hecho, no había finalizado sus estudios secundarios) logró algo con su audiencia que yo no había presenciado jamás en mis años como instructor de oratoria. Su charla fue tan conmovedora que, cuando terminó, todos se pusieron de pie para rendir un homenaje silencioso.

El hombre contó la peor tragedia de su vida: la muerte de su madre. Estaba devastado, tan poseído por el dolor que no quería vivir. Cuando salía al aire libre, aunque el día estuviera soleado, él se sentía deambular entre la niebla. Ansiaba morir. En la desesperación, fue a la iglesia a la que concurría, se arrodilló sollozando y rezó el rosario; y una paz lo invadió: la paz divina de la resignación. "No se hará mi voluntad, sino la Tuya". Al final, dijo como alguien que ha tenido una revelación: "¡No hay ningún problema con la religión! No hay ningún problema con el amor de Dios". Nunca voy a olvidar el impacto emocional de esa charla. Cuando lo felicité por haber sido tan conmovedor, respondió: "Gracias. Y eso que no había preparado nada".

¿No? Si esa charla no estaba preparada, no sé qué es preparar una charla. Obviamente, lo que ese hombre había querido decir era que no le habían avisado que iba a hablar sobre ese tema. Me alegro que fuera así, porque, de lo contrario, su charla habría sido menos efectiva. Habría trabajado para convertir el tema en una charla, y eso habría sonado artificial. En cambio, este hombre hizo lo que Gay Kellogg repitió años después: se puso de pie, abrió su corazón y habló como un ser humano que conversa con otro.

Lo cierto es que su preparación consistió en arrodillarse, sollozar y rezar el rosario. Vivir, sentir, pensar, soportar "las flechas y las pedradas de la insolente fortuna", esa es la mejor preparación para la oratoria y la escritura que se haya diseñado jamás.

Busque en su interior los temas de los que va a hablar

¿Los novatos conocen la necesidad de buscar los temas en su interior? ¿Saben de eso? ¡Ni siquiera se enteraron! Lo más probable es que los busquen en una revista. Por ejemplo, recuerdo que una vez me encontré con una estudiante en el subterráneo; la mujer se sentía muy desilusionada porque sus progresos en el curso eran mínimos. Le pregunté de qué había hablado la semana anterior. Me dijo que el tema había sido si se debía permitir que Mussolini invadiera Etiopía. Había tomado la información de un artículo en la revista *Time*. Había leído dos veces ese artículo. Le pregunté si le interesaba el tema y me respondió que no.

—¿Por qué habló de eso, entonces? —quise saber.

—Bueno, tenía que hablar de algo y elegí ese tema —dijo la mujer.

Piense en lo siguiente: esta mujer había decidido hablar sobre la guerra de Mussolini en Etiopía, pero reconocía carecer de conocimiento e interés en el tema. Había perdido la oportunidad de hablar sobre algo que se había ganado el derecho de hablar.

Después de intercambiar mis ideas con ella, le dije:

—Yo la escucharía con respeto y atención si hablara de algo que conoce y ha experimentado. Pero ni yo ni nadie podría estar interesado en un tema que ni usted misma encuentra interesante, como la invasión de Mussolini en Etiopía. No sabe lo suficiente para merecer respeto o atención.

Hable desde el corazón, no desde un libro

Muchos estudiantes de oratoria son como esa mujer. Eligen sus temas de un libro o una revista, y no de su conocimiento o sus convicciones. Por ejemplo, hace unos años, fui uno de los tres miembros del jurado de un concurso interuniversitario de oratoria organizado por la cadena NBC. Los jurados no podíamos ver a los concursantes. Los escuchábamos desde uno de los estudios en Radio City. ¡Cómo me hubiera gustado —¡sí!, ¡cómo me habría gustado!— que todos los docentes y estudiantes de oratoria vieran lo que ocurrió en ese estudio! El primer orador habló sobre "La encrucijada de la democracia".

El segundo, sobre "Cómo prevenir la guerra". Era obvio que estos oradores estaban repitiendo palabras memorizadas y muy bien ensayadas. Así que nadie del jurado ni del público en el estudio les prestó mucha atención. Uno de los miembros del jurado era Willem Hendrik Van Loon. En un momento, comenzó a dibujar una historieta sobre uno de los participantes; todos nos pusimos de pie para observarlo y perdimos interés en las palabras memorizadas que nos llegaban a través del aire.

El siguiente orador, sin embargo, captó mi atención de inmediato. Era profesor en Yale y habló sobre los problemas en las universidades. Ese hombre se había ganado el derecho de hablar de eso. Lo escuchamos con respeto.

Pero el orador que obtuvo el primer premio comenzó su charla así: "Acabo de llegar de un hospital donde un amigo está a punto de morir por un accidente automovilístico. La mayoría de estos accidentes son provocados por jóvenes. Yo también soy joven y quiero hablarles sobre las causas de estos accidentes".

Todos en el estudio permanecimos en silencio mientras habló. Estaba hablando de una realidad, no dando un discurso. Se había ganado el derecho de hablar de eso. Porque lo hacía desde su interior.

Sienta ansias por comunicar

Más allá de lo dicho anteriormente, permítame advertirle que ganarse el derecho de hablar de un tema no siempre da como resultado una charla sublime. Se debe agregar otro elemento, un elemento vital en la oratoria: el deseo profundo y permanente de comunicar nuestras convicciones y nuestros sentimientos a los demás.

Le doy un ejemplo: suponga que me piden que dé una charla sobre el cultivo de maíz y la crianza de cerdos. Viví veinte años en una granja en Missouri, en la que cultivaban maíz y criaban cerdos; es obvio que me gané el derecho de hablar del tema. Pero no siento el deseo especial de hacerlo. Por otro lado, suponga que me piden que hable sobre los aspectos negativos de la educación que recibí en la universidad. Difícilmente podría fallar si hablara de ese tema, ya que contaría con los tres requisitos básicos para dar una buena charla. Primero, hablaría sobre algo de lo que me gané el derecho de hablar. Segundo, ansiaría por transmitir mis convicciones y sentimientos profundos sobre ese tema.

Tercero, podría compartir ejemplos claros y convincentes, extraídos de mi propia experiencia.

Cuando Gay Kellogg contó lo que más lamentaba en la vida —no haber conocido el amor de una madre—, no solo se había ganado el derecho de hacerlo a través de su sufrimiento, sino que sentía la compulsión emocional de compartir su experiencia. Lo mismo ocurrió con el hombre que habló sobre la muerte de su madre en la Cámara de Comercio de Brooklyn. "No se hará mi voluntad, sino la Tuya".

Los cambios constantes en la historia provienen de personas con el deseo y la capacidad de expresar sus convicciones y emociones a los demás. Si John Wesley no hubiera sentido ese deseo ni tenido esa capacidad, no habría fundado una secta religiosa que se expandió por todo el mundo. Si Pedro el Ermitaño no hubiera sentido ese deseo ni tenido esa capacidad, no habría azuzado la imaginación de los pueblos y conducido a Europa a la inútil y sangrienta Cruzada de los pobres con el objetivo de conquistar la Tierra Santa. Si Hitler hubiese carecido de la capacidad innata de comunicar su odio y amargura, no habría llegado al poder en Alemania ni empujado al mundo hacia la guerra.

Hable de sus experiencias

En este momento, usted está preparado para dar al menos una decena de buenas charlas como nadie más en el planeta puede hacerlo, porque nadie más ha tenido exactamente sus mismas experiencias. ¿Cuáles son los temas de esas charlas? No lo sé. Pero usted sí lo sabe. Durante algunas semanas, lleve siempre consigo una hoja de papel y escriba, a medida que se le vayan ocurriendo, todos los temas sobre los que puede hablar por experiencia; temas como: lo que más lamenta en la vida, su mayor ambición o por qué tiene buenos (o malos) recuerdos de la escuela. Hágalo y se va a sorprender de lo rápido que crecerá su lista de temas.

Una buena noticia: sus progresos como orador dependerán más de la elección del tema correcto que de sus habilidades innatas para la oratoria. Se sentirá a gusto de inmediato y dará una buena charla si sigue el ejemplo de Gay Kellogg: hable sobre una experiencia que lo haya afectado en lo profundo, una experiencia que no haya logrado quitar de su cabeza en los últimos veinte años. Por otro lado, es probable que nunca se sienta a gusto si elige temas como la invasión de Mussolini a Etiopía o la encrucijada de la democracia.

Hable de lo que haya estudiado

Hablar de nuestras propias experiencias es, obviamente, la manera más rápida de adquirir coraje y sentirse confiado. Pero, cuando haya superado ese paso, querrá hablar de otros temas. ¿Cuáles? ¿Dónde encontrarlos? En todas partes. Por ejemplo, una vez les pedí a un grupo de ejecutivos de la compañía telefónica de New York que, durante una semana, anotaran cualquier idea para una charla que se les cruzara por la mente. Estábamos en noviembre. Uno de ellos vio el día de Acción de Gracias marcado en rojo en el calendario y habló de los muchos motivos para estar agradecidos. Otro vio unas palomas en la calle, y eso lo inspiró. Jamás olvidaré su charla sobre las palomas. Pero el ganador fue otro que había visto una chinche caminando por el cuello de la camisa de un pasajero en el subterráneo. Ese hombre dio una charla que sigo recordando después de veinte años.

Lleve un libro de apuntes

¿Por qué no imita a Voltaire? Voltaire, uno de los escritores más influyentes del siglo XVIII, llevaba siempre en el bolsillo lo que definía como "un libro de apuntes", un anotador en el que garabateaba los pensamientos y las ideas que se le ocurrían. ¿Por qué no sigue su ejemplo? Entonces, si, por ejemplo, se disgusta con un empleado descortés, podrá escribir la palabra "descortesía" en su libro de apuntes. Luego haga el esfuerzo por recordar dos o tres casos de descortesía que le hayan llamado la atención. Elija el más notable y hable sobre cómo aconsejaría reaccionar en esa situación. ¡Abracadabra! Ya tiene una charla de dos minutos sobre la descortesía.

En cuanto comience a buscar temas para sus charlas, las hallará en todas partes: en su casa, en la oficina, en la calle.

Hable de temas sencillos

No elija temas que conmuevan al mundo, como la bomba atómica. Hable de temas sencillos; cualquiera estará bien, siempre y cuando la idea lo atrape a usted, y no sea usted el que corre tras la idea para atraparla. Por ejemplo, hace poco escuché la charla de una asistente a mis cursos, Mary A. Leer, de Chicago, sobre las puertas de atrás de las casas. Si la lee, quizá la charla le parezca aburrida. Pero si la hubiera escuchado, como me ocurrió a mí, le habría fascinado porque Mary estaba realmente enamorada de la puerta de atrás de su casa. Es más, ¡jamás escuché a nadie referirse con tanta vehemencia al color de la pintura de una puerta! Lo que quiero decir con esto es que casi cualquier tema sirve para una charla si usted se ganó el derecho de hablar al respecto por sus conocimientos o su experiencia, porque el tema lo entusiasma y porque siente deseos de compartirlo con los demás.

¡Esta es la famosa charla sobre las puertas de atrás!

"Hace catorce años, cuando me mudé adonde vivo ahora, la puerta de atrás estaba pintada de un gris tristón. Era horrible. Cada vez que abría esa puerta, me deprimía. Entonces, compré una lata de un azul precioso y pinté el exterior, los marcos y la puerta mosquitero. Era el tono de azul más exquisito que jamás hubiera visto; cada vez que abría la puerta, era como mirar un pedazo de cielo.

"Nunca me sentí tan enojada en mi vida cuando, una tarde, no hace mucho, llegué a casa y vi que el pintor había cubierto mi hermosa puerta azul con un gris espantoso de un tono parecido al de la masilla. No habría tenido reparos en ahorcar a ese pintor.

"Las puertas de atrás dicen más de las personas que las puertas principales. Por lo general, las puertas principales están bien decoradas para causar una buena impresión. Pero las puertas de atrás dicen cosas. Una puerta de atrás descuidada anticipa una casa descuidada. Una puerta de atrás pintada con un color alegre, rodeada de potes con plantas floridas y cestos de basura prolijos y ordenados, revela que una persona interesante e imaginativa vive ahí. Acabo de comprar otra lata de aquel azul precioso; el próximo domingo, voy a pasar un momento inigualable: voy a hacer que mi puerta de atrás vuelva a lucir alegre y motivadora".

Este es solo un ejemplo. Podríamos completar un volumen con casos que demuestren el poder de los oradores que:

1. se ganaron el derecho de hablar de un tema por sus conocimientos o su experiencia;
2. sienten entusiasmo por el tema del que hablan;
3. están deseosos de comunicar sus ideas y sentimientos a los demás.

Cómo preparar y dar una charla

A continuación, ocho principios que lo ayudarán inmensamente en la preparación de sus charlas.

I. Tome apuntes sobre detalles interesantes que quisiera mencionar.

II. No escriba las charlas.

¿Por qué? Porque si lo hace, empleará un vocabulario propio de un texto escrito, y no uno sencillo y cotidiano. Además, al ponerse de pie para empezar a hablar, es probable que intente recordar lo que escribió, lo que le impedirá resultar natural y creíble.

III. Nunca, nunca, nunca memorice la charla palabra por palabra.

Si memoriza la charla, lo más factible es que se la olvide; y el público estará contento, porque nadie quiere escuchar una charla mecánica. Y, si no se la olvida, seguro sonará a memorizada. Su mirada resultará distante, y su tono de voz, también. No se parecerá a un ser humano que intenta contar algo a otros seres humanos.

Si se trata de una presentación extensa y teme olvidar algún punto, prepare unas pocas notas y sosténgalas en la mano para echarles un vistazo cada tanto. Eso es lo que yo mismo suelo hacer.

IV. Agregue ejemplos e ilustraciones.

La manera más fácil de que una charla resulte interesante es agregando ejemplos. Para ilustrar lo que estoy diciendo, mire el cuadernillo que está leyendo ahora. Alrededor de la mitad de las páginas contienen ilustraciones. Primero, la de Gay Kellogg hablando del sufrimiento que vivió cuando era niña. Luego, otra ilustración sobre el hombre que habló de los posibles problemas en la religión. Luego, la de la mujer que intentó exponer sobre la invasión de Mussolini en Etiopía. A continuación, la historia de los cuatro estudiantes en el concurso de oratoria en la radio, etcétera, etcétera. Mi mayor problema cuando escribo un libro o preparo una charla no es conseguir ideas; es conseguir ilustraciones que ayuden a que esas ideas resulten claras, vívidas e inolvidables. En la Antigüedad, los filósofos romanos decían "*Exemplum docet*" (el ejemplo enseña). ¡Y cuánta razón tenían!

Le voy a contar acerca del valor de una ilustración. Hace años, un congresal dio un discurso virulento en el que acusaba al gobierno de malgastar el dinero de los contribuyentes en la impresión de panfletos inútiles y, como ejemplo, mostró un panfleto sobre "La vida amorosa de la rana toro". Me hubiera olvidado de ese discurso de no ser por la ilustración del panfleto sobre la vida amorosa de la rana toro. Puedo olvidar millones de datos a medida que pasan las décadas, pero siempre recordaré su acusación, que acompañó con los panfletos en cuestión.

Exemplum docet. El ejemplo enseña; es prácticamente lo único que enseña. He escuchado charlas brillantes, que olvidé enseguida porque ningún ejemplo contribuyó a fijar el tema en mi memoria.

V. Investigue más sobre el tema que lo que puede incluir en la charla.

Hace años, Ida Tarbell, una de las escritoras más sobresalientes de Estados Unidos, me contó que, cuando vivía en Londres, recibió un cable de S. S. McClure, el fundador de la revista homónima, para pedirle que redactara un artículo de dos páginas sobre el cable telegráfico transatlántico. Tarbell entrevistó al gerente de la sede en Londres de la empresa a cargo del cable y recabó la información que necesitaba para su artículo de quinientas palabras. Pero no se contentó con eso. Fue a la biblioteca del Museo Británico y leyó libros y artículos sobre el tema, y también la biografía de Cyrus West Field, el hombre que instaló el cable. Analizó las muestras del cable que estaban exhibidas en el museo y, luego, visitó una fábrica en las afueras de Londres para ver cómo se fabricaban esos cables. "Cuando, finalmente, escribí esas dos páginas mecanografiadas acerca del cable transatlántico", dijo Tarbell, "tenía material suficiente para un libro no muy extenso. Pero esa cantidad enorme de material que tenía y no utilicé fue lo que me permitió escribir con seguridad y resultar clara e interesante. Ese material me brindó 'energía de reserva'".

Después de años de experiencia, Ida Tarbell sabía que debía ganarse el derecho de escribir un poco más de quinientas palabras sobre el cable telegráfico transatlántico. El mismo principio aplica a la oratoria. Conviértase en algo así como una autoridad en el tema sobre el que va a hablar. Desarrolle esa cualidad invaluable, a la que llaman "energía de reserva".

VI. Ensaye la charla cuando converse con sus amigos.

Will Rogers preparaba sus famosos editoriales radiales de los domingos por la noche insertando los temas en las conversaciones que tenía con personas con las que se cruzaba durante la semana. Si, por ejemplo, su intención era hablar sobre el patrón oro, haría comentarios graciosos al respecto en las conversaciones que sostuviera durante esa semana. Así se daba cuenta de qué chistes funcionaban y qué comentarios despertaban el interés de los demás. Es un método infinitamente mejor para ensayar una charla que gesticular solo, frente a un espejo.

VII. No se preocupe por cómo dará la charla; halle las maneras de mejorar su presentación.

Muchas tonterías nocivas y confusas se han escrito acerca de cómo dar una charla. Lo cierto es que, frente al público, usted debe olvidarse por completo de la voz, la respiración, los gestos, la postura, el énfasis. Olvídese de todo, menos de lo que está diciendo. Lo que los oyentes quieren es, como afirmó la madre de Hamlet, "menos retórica y más sustancia". Imite al gato cuando se dispone a cazar un ratón. El gato no mira a su alrededor y piensa: "¿Mi cola lucirá bien? ¿Mi postura será elegante? ¿Cómo será mi expresión facial?". Claro que no. El gato está tan concentrado en cazar ese ratón para su cena que ni su postura ni su expresión podrían estar mal aunque quisiera. Lo mismo le ocurrirá a usted si se interesa tanto en su audiencia y en lo que está diciendo que se olvida de sí.

No crea que expresar ideas y emociones delante de una audiencia requiere años de practicar técnicas de entrenamiento, como ocurre con la música y la pintura. Todos podemos dar un discurso espléndido en nuestras casas, un día que estamos enojados. Si, en este momento, alguien lo empujara y lo hiciera caer al suelo, usted se pondría inmediatamente de pie y le daría un discurso estupendo. Sus gestos, su postura y su expresión facial serían inmejorables, porque serían la representación de un enojo genuino. Recuerde que no necesita aprender a expresar sus emociones; lo hace a la perfección desde los seis meses de vida. Si no, pregúntele a cualquier madre.

Mire un grupo de niños mientras juegan. ¡Qué expresión tan perfecta! ¡Qué énfasis, gestos, postura y comunicación insuperables! Jesús dijo: "Si no os volvéis y os hacéis como niños, no entraréis en el reino de los cielos". Así es, y si no resultan tan naturales, espontáneos y libres como los niños, no entrarán en el reino de la buena expresión.

VIII. No imite a nadie; sea usted mismo.

La primera vez que viajé a New York fue para estudiar arte dramático. Aspiraba a ser actor. Tenía, en mi opinión, una idea brillante, un atajo hacia el éxito. Mi método para alcanzar la excelencia era tan simple, tan probado, que no podía entender cómo era que otros miles de personas con ambiciones no lo hubieran descubierto todavía. El método era el siguiente: analizaría a los actores famosos de aquella época, como John Drew, E. H. Sothern, Walter Hampden y Otis Skinner. Luego, imitaría lo mejor de cada uno y me convertiría en una combinación resplandeciente, triunfante, de todos ellos. ¡Qué tontería! ¡Qué tragedia! Desperdicié años de mi vida imitando a otros hasta que, finalmente, penetró en mi cabeza dura de Missouri la certeza de que tenía que ser yo mismo, que era imposible ser alguien diferente.

Un ejemplo de lo que quiero decir: hace algunos años, me propuse escribir el mejor libro sobre oratoria para hombres de negocios que jamás se hubiera escrito. Con ese libro, tuve la misma tonta idea que con la actuación: tomar los conceptos de muchos otros escritores y unirlos en un solo libro, un libro que lo tendría todo. Conseguí pilas de libros sobre oratoria y me dediqué a incorporar sus ideas en mi manuscrito. Después de un año, entendí, una vez más, que estaba haciendo el ridículo.

Esa mescolanza de ideas ajenas era tan sintética, tan aburrida, que ningún hombre de negocios se aventuraría a leerla. Así que arrojé un año de trabajo al cesto de la basura y comencé desde cero. Esta vez me dije: "Debes ser Dale Carnegie, con todas tus fallas y limitaciones. No puedes ser alguien diferente". Abandoné la idea de ser una combinación de otras personas, me arremangué e hice lo que debería haber hecho desde un principio: escribí un libro sobre oratoria teniendo en cuenta mis propias experiencias, opiniones y convicciones.

¿Por qué no saca provecho de mi pérdida de tiempo? No intente imitar a los demás.

¿Cómo se está preparando para esa charla o presentación que tiene en agenda? Aprenda más sobre cómo interesar, persuadir y motivar a la audiencia a través del programa de presentaciones con alto impacto de Dale Carnegie. Para más información, visite dalecarnegie.com.

ÍNDICE

D

E

F

G

H

I

J

K

L

M

N

P

S

T

Esta obra se terminó de imprimir
en el mes de marzo de 2026,
en los talleres de Impresora Tauro, S.A. de C.V.
Ciudad de México.